作ること＝生きること

クラフトワーカーのもの語り

仲藤里美

「モノ」から「もの」へのもの語り

京都・知恩寺の「百万遍さんの手づくり市」、東京・雑司が谷の「手創り市」……全国のあちこちで、「手作り市」と呼ばれる市が開催され、たくさんの人たちで賑わっている。お寺や神社の境内で、あるいは公共の広場で。それぞれ一坪程度のスペースの露店が並ぶ様子は、一見フリーマーケットか何かのようでもあるけれど、大きく違うのは、売られているものがみな店主自身の「手作り」だということ。アクセサリー、洋服、食器や花器、文具に雑貨……並んでいる多彩な「もの」たちに目移りしながら、あちこち歩き回っているだけでいつも楽しくなってきてしまう。

こうした「手作り市」に何度か足を運ぶうちに、考えるようになったことがある。それは、わたしが「市」に並んでいる「もの」に惹かれるのは（そして、時にはとんでもない散財をしてしまうのは）、ただかわいいから、綺麗だからではなくて、いまの社会に溢れかえっている「モノ」に、どこか飽き足らないと感じているからなんじゃないだろうか、ということ。

「安かろう、悪かろう」と言われた時代とは違って、最近の量販店に並ぶ「モノ」は、びっくりするほど安いくせに、品質もデザインもなかなかで、サイズや色柄も豊富だ。だけど同時に、なんだか時々、とてもつまらなく思えてきたりもしてしまう。買えば便利だけれど、それを大事に、愛おしく思いながら使うことは、まずない。

それに対して、手作り市に並ぶ「もの」たちは、すごく安いわけでもないし、品揃えも限られるので、必要なものがいつも手に入るわけでもない。一つひとつが多少は不揃いだったりもする。けれどそれだけに「この世にひとつだけ」の存在感がしっかりとあって、自分の手元にやってきた後も、飽かず眺めずにはいられないのだ。

さらに、手作り市のもう一つのおもしろさは、作り手との会話。

もちろん街中のショップでも、店員さんから「このジャケット、ラインが綺麗で着回しやすいんですよ」とか、「このストール、オーガニックの綿を使ってるんです」なんていう話を聞くことはしばしばだ。けれど、売り手がそのまま作り手でもある手作り市では、それだけじゃない、作り手の思いや日常にまで触れる言葉に耳を傾けることができる。

「漆の産地を離れた私は、いわば〝落第生〟。でも、だからこそ子ども向けの絵柄でもなんでも、自由にやれるんです」「苔玉を扱うようになる前ですか？　実は、イベントプロデューサーだったんですよ」「花器は一つひとつ水を入れて、水漏れがないか試してみてます。失敗作は、家で文具立てに（笑）」

そんな話を聞くことができる――「作る人」と「売る人」が分業制になっていないというのは、この高度にシステム化された、「モノ」の向こうにいる人の姿を見ることのない社会の中では、とっても珍しいことなんじゃないだろうか。

そんなことを考えていたら、作り手である彼ら／彼女らの話を、もっと聞いてみたくなった。

初めからずーっと、陶芸家の道を志していたんですか？

こんな和紙の染め方を、どこでどうやって身につけたんですか？
このかわいらしい本は、本当にあなたが作ったんですか？
どうしてまた、そんなに若いのに「和蝋燭」なんですか？
これから、どんなものを作りたいですか？

「モノ」があふれる社会の中で、あえて一つずつ「もの」を自分の手で作って、そして人に手渡すことを「なりわい」として選んだ「クラフトワーカー」たち。その思いを、「これまで」と「これから」をじっくりと聞いて、いろんなことを考えてみたいと思った。

そうして、11のブランドの14人のクラフトワーカーたちのお話をまとめたのが、この本だ。工房を訪ねて聞かせてもらったそれぞれの「もの語り」は、どれも直線的ではなく、じぐざぐで、あるいはでこぼこで、効率とか生産性とかとは無縁だったりもした。でもそこには、「一度レールを下りたら人生終わり」「効率こそ善」な今の日本社会とはちょっと違う、もう少し息がしやすい、生きていきやすい社会へのヒントがいくつもあるような気がしている。人生を豊かにしてくれるものとはなんなのか、これから生きていく上で、大事にしたいことはどんなことなのか。そんなことも考えながら読んでもらえたら、嬉しい。

なお、登場していただいた皆さんとは主に、東京・雑司が谷の鬼子母神&大鳥神社で毎月開催されている「手創り市」で出会った。出会いの場を提供くださったことに深く感謝します。

CONTENTS

もしかしたら
作品そのものについてよりも、
道具について考えていることのほうが
多いかもしれません

誰かが楽しんで作ったものを、
それをまた形を変えて誰かが楽しんで着て、
さらにそれを誰かが見て
『素敵だなあ』って楽しむ…

『元気に育ってます』という
『その後』の様子をお客さんから聞けるのが、
他の作品にはない作り手としての楽しみ

せわしない毎日の中で、
例えば10分間だけでも、
ただ蝋燭の火を見つめるような
時間があってもいいんじゃないかと

CONTENTS

最初は売れないだろうなとは思ってましたけど、
それでも「ああ、こんなに売れないんだ」
と改めてショックを受けたくらいです（笑）

陶器
工房寺田
寺田昭洋さん

千葉県富津市にある、寺田昭洋さんの自宅兼工房。「コーヒー飲みますか?」の言葉に頷いたら、キッチンに立った寺田さんは、棚からコーヒー豆を取り出してゆっくりと煎り始めた。「こないだコーヒー焙煎のワークショップに行ったらはまっちゃって、道具一式揃えちゃったところ」なのだという。ややあって、コーヒーを注いで出してくれたカップも、もちろん寺田さんの作品。質感はざらりと土っぽいのに、モノトーンの色合いや、すっきりとシンプルなラインのせいなのか、どこか磁器を思わせるようなモダンな雰囲気も漂う。煎りたてのコーヒーは、香りがよくておいしかった。

出身は東京です。横浜の大学の教育学部を出て、私立高校の数学教員を10年ちょっとやってました。それを辞めて陶芸の道に入って……というと、何かすごいドラマチックなきっかけがあるんじゃないかってよく言われるんですけど、全然そんなことはないんですよ(笑)。

教員の仕事も嫌いではなかったしそれなりに楽しかったんですが、もともとすごく教員になりたかったわけではなくて、なんとなく流れに乗っていったらそこに来ていた、という感じだったんですね。理系で数学が好きだったから教育学部の数学科に進学して、そうしたら周りもみんな教育実習に行くし……というので、深く考えずに進路を決めたようなところがあった。

一方で、何かものを作る仕事をしたいなあ、という憧れが若いときからずっとあったんです。その気持ちが少しずつ大きくなっていたのと、あと30代も半ばにさしかかって、新しいことをゼロからはじめるのなら、そろそろ年齢的にタイムリミットじゃないかな、と思ったこともあって、退職を決めました。

とはいえ、それまで本格的なものづくりの経験はほとんどなし。陶芸も、食器を見たり買ったりするのは好きだったものの、体験教室に行ったことがある程度だったという。

ほかのものではなくて陶芸をやろうと思ったのは……「1人で全体に責任が持てるような仕事がしたい」と思ったからでしょうか。陶芸って、ほんとに「ただの土」からのスタートでしょう。それを練って、形を作って、色をつけて焼いて、という過程を、最初から最後まで自分でできるっていうのがいいなあ、と。

最近では、多くの陶器の産地が、陶芸で身を立てたいという人のための本格的な研修所を設けている。
その中から、寺田さんは愛知県常滑市の、ギャラリーに併設された研修所を選んだ。

まず、そのとき僕はもう35歳くらいだったので、年齢的に入れてくれない研修所もありまして。受け入れてくれるところをいくつか見に行ったんですが、常滑はなんとなく、知多半島の海沿いっていう地理的条件が、そのころ住んでいた神奈川県の三浦半島に似た感じがして心地よかったんです。

あと、陶器の産地としては正直なところやや衰退している面もあるんですが、それだけにすごくのんびりしているというか。作家の方たちがみんな、わりと好き勝手に自由にやっている感じも肌に合うなあ、と感じました。

さっそく入学を決め、妻と長男を連れて常滑に移住。古い一軒家を借りて家族で暮らしながら、研修所に通う日々が始まった。家族にとっても大きな決断だったのでは、と思うけれど「いずれはこういうことをやりたいんだ、と昔から話していたせいか、妻からも特に反対はなかったですね」という。
ただ、7〜8人いる研修所の同期はみな、すでに陶芸教室などで学んだ経験があったり、地元の窯元の息子だったり。「土を練るのもほぼ初めて」の初心者は、寺田さんひとりだった。

大

最初のころは、先生に「ほんとに何もできないの⁉」って驚かれたりしました。自分では、あまりにも知識がなかったから逆にそれほどショックはなくて、知らないことをたくさん教われるのが楽しい、くらいの気持ちだったんですが……。

あと、僕が一番お世話になった先生は、「下手に中途半端に知ってるよりは、何も知らないほうが教えやすいよ」と言ってくれていたので、それも救いになりました。でも、後で聞いたら、研修所に教えに来たりしている地元の陶芸作家の間では、「今年、こんな無謀な人が来たらしいよ」って話題になってたそうですけど（笑）。

スタートが遅かった分を取り戻そうと、土を自宅まで持って帰って「練り」の練習をしたりと、無我夢中の日々が続いた。ひたすら技術を身につけることだけに集中する毎日は、もちろん楽ではなかったけれど充実していた、と振り返る。

しかし、研修生としてのそんな生活は1年で終わり。卒業後は食べていくために、自分で作品を「売る」ことを考えなくてはならない。寺田さんは見よう見まね、常滑はもちろん東京にまで足を伸ばし、陶器店やギャラリーに作品を扱ってもらえるよう営業活動を始めた。

いやもう、全然売れなかったですね。なんとか置いてくれる店があっても、1回きりでそのまま連絡がなかったり……。最初は売れないだろうなとは思ってましたけど、それでも「ああ、こんなに売れないんだ」と改めてショックを受けたくらいです（笑）。

一度は、あるギャラリーの人に「あなたは才能がない。今ならまだ間に合うから悪いことは言わない、やめたほうがいいよ」と、面と向かって言われたこともあります。さすがにそのときはへこんで、夜も眠れなかったですね。家族にも言えないし、布団の中でひとり悶々として……という日々でした。

でも「もうやめよう」とか思ったことは一度もないんですよね。もちろん、時々ガクンと落ち込むことはあるんですけど、性格なんでしょうか、しばらくすると忘れちゃうんですよ。全然根拠はないんだけど「まあ、なんとかなるんじゃないかな」という気がしてきて、それでまたとりあえずは土を練る。その繰り返しです。

でも、そういうふうにある程度楽観的でいられる人でないと続かない仕事かもなあ、とは思いますね。「何年経ったらこうなれる」とかの未来は、まったく見えないわけですから。

それでも、独立して数年経つうちに、「全然売れない」状況は少しずつ上向きはじめた。

実は最初は、今とは全然雰囲気の違う、いかにも手作りの和食器、という感じの作品を作っていたんです。ラインももっと丸みや厚みがあって、素朴な雰囲気の……。お世話になっていた先生が、草木の灰から作った釉薬を使う「灰釉」という手法を主にやっている方で、その影響を受けていたというのもあるんですけど、今思えばどこかにコンプレックスもあったのかな、という気がします。芸大を出てるとか、親が陶芸家だとかいう人ばかりの業界で、全然別の世界から飛び込んだ自分はいわば「変わり種」。そこの焦りみたいな気持ちが、「一度は伝統的なものを作っておかなきゃ」という方向に向かわせたのかもしれません。

ただ、ものを作るときには、やっぱり前提に「こういうものが好きだ」という気持ちがないとダメだと思うんです。僕は、手作りの和食器にももちろん惹かれるけれど、もともとはベーシックなデザインの洋食器も好きで、常滑に行く前はよくデパートに買いに行ったりもしていたんですね。それで徐々に、伝統的な和食器と現代風の洋食器の中間のような、今の作品に近い雰囲気のものを中心に作るようになりました。今は土も釉薬も、インターネットなどで全国各地のものが手に入るので、いろいろ取り寄せて自分のイメージに近い調合を何度も試しながら……。少しずつ店から注文をもらったり、何度も買いに来てくれるお客さまが出てきたりしたのは、そのころから

4年前に移ってきた千葉県・富津の工房兼自宅（上）と、その隣に構えた窯（左）

工房の一角には、「ずっとやりたくて、最近はじめたばかり」のサーフィン用品が

ですね。

それと前後して、9年暮らした常滑を離れ、現在暮らす千葉へと工房を移した。夫婦そろっての出身地でもある関東へいつかは戻りたいと思っていたものの、あまり人家の立て込んだところでは自宅に窯を置くのが難しくなる。あちこちを見て回った末に見つけた今の家は、周囲を畑や田んぼに囲まれた、なんとものんびりした環境。「ときどき鹿も猿も、猪も出ますよ」という。とはいえ、材料はインターネットで取り寄せできるし、車を使えば生活にも不便はない。もともとは何かの倉庫だったらしい広い建物を、自分で壁を塗り直し、床を張って、リフォームしつつ暮らしはじめた。引っ越してきて４年、家族と過ごす生活部分はほぼ完成しているけれど、寺田さんが毎日土を練り、ろくろを回す工房部分は、まだ少しばかり「改装中」の雰囲気だ。

窯はガス式のもので、外の庭――というか空いてるスペースに（笑）置いてます。常滑で使っていたものを、業者に頼んで運んできてもらいました。

焼くのはだいたい20時間くらいかかります。なので、釜を焚く日は早朝に起き出して、30分に1回くらいは様子を見ながら深夜まで、という感じですね。成形も、そんなに一度にたくさんできるものではないので、たくさん注文をいただいたときや個展の前などは、夜遅くまでずっと工房に籠もってます。土練りなんかは完全に力仕事だし、正直、割に合わないと言えばものすごく割に合わない仕事かもしれません。陶芸を選んだときに考えたように、最初から最後まで自分の手でやれる、自分で決められる部分が大きい面白さはあるけれど、それだけに作品に「人」がそのまま出てしまう気もしていて……。新しい作品を生み出すときは、肉体的なものとはまた違うつらさもあります。

ただ、この仕事を始めてから分かってきたことってたくさんあって――多分僕は、ものすごくいろんなことに対して「自信がない」んだと思うんですね。だからこそ、自分が作ったものを世に出して、一定の評価をしてもらって、ちょっとでも人の役に立ってるんだなと思いたい。そういうことが自分にとってどうしても必要だから、こういう仕事を選んだのかもしれないなあ、と。芸術家肌で、「人がどう言おうと自分がいいと思っていればいいんだ」という人もいると思うけど、僕は自分が作ったものがいいのかどうかも、人に判断してもらわないとよく分からないんですよ。

だから、お客さんからの直接の反応に触れたくて、陶器市や手作り市などにも積極的に出店するようにしている。

ただ、いまだに接客トークはうまくできません（笑）。というか、最初のころは頑張らなきゃ、という気持ちが先に立っていて、お客さんが立ち止まるとそれっとばかりに「いらっしゃいませ！」と声をかけてたんですけど、そうするとなぜか蜘蛛の子を散らすように人がいなくなっちゃうんですよ（笑）。なので、最近は控えめにして、お客さんから何か聞かれたときだけ説明したりするようにしています。

でも、以前に買ってくれたお客さんが「こないだ買ったの、使ってますよ」と声をかけてくれたときは、本当に嬉しいですね。僕は花器も好きで作りますけど、やっぱり中心は食器。そして、食器というのは使ってこそのものだと思うんです。ものを食べるのって、誰にとっても本当に幸福な、ある意味特別な瞬間じゃないですか。そこで僕の作った食器を使ってもらえていると思うと、こっちまですごく幸せな気がしてくるんですよね。

棚に飾って眺めて楽しむような芸術的なものは、それはそれでまた違う良さがあると思うけど、僕のやることではないのかな、と思って。毎日、当たり前のように使ってもらえるものを作るのが、僕の仕事のような気がしているんです。

窯入れを待つばかりの
作品たち。焼き上がり
とはまた違う美しさ

工房寺田

ホームページ（通販あり）

http: //kobo-terada.com/

寺田さんの陶芸と出会える場所

以下のお店などで取扱中（詳しくはホームページを）。

• SIGNA

東京都武蔵野市 http://www.signa.co.jp/

雑司ヶ谷手創り市、各地の陶器市などに出展するほか、東京・埼玉などで定期的に個展も開催している。

寺田昭洋 てらだ・あきひろ

1965年東京都生まれ。私立高校の教員を経て、2001年に愛知県常滑市にある共栄窯セラミックアートスクール特別研修生コースに入学。修了後に独立し、現在は千葉県富津市に工房を構える。

登場してくれた
クラフトワーカーたち

「登場する人は、どうやって選んだんですか」「どうして、私に声をかけてくれたんですか？」

お話を聞かせてもらった方の多くに、そんな質問をされた。ある日突然、ホームページからメールを送ったり、人によっては手作り市で突然声をかけて取材をお願いしたのだから、「いったいどこで？」と不思議に思うのは当然かもしれない（そんなぶしつけなお願いに応じてくれたみなさまには本当に感謝です）。

活動する分野や傾向、男女比などが偏らないように、いろいろバランスを考えて…とかなんとか言えればいいのかもしれないけれど、実際のところはもっと単純。取材に入る前、ただただ自分の楽しみのために手作り市に通っていたときに、店頭で見かけて（あるいは作品を購入して）「いいなあ」と思っていた作り手さんに声をかけさせていただいたのだ。どうせ話を聞くなら、やっぱり好きな作り手さんのことを知りたい、というのがその理由。

それぞれの作品の背景にあるエピソードを聞かせてもらったり、工房を見せてもらったりしたことで、自分の手元にやってきた作品たちへの愛着はさらに深まった。だからというわけではないけれど、市に撮影に行ったはずが気づけばお買い物モードに入っていて、同行してくれたカメラマンや編集者にあきれかえられたこともしばしば。ちなみに、完成までの工程を知れば知るほど、どの人の作品も例外なく「安すぎないですかこれ？」という気持ちになったことも追記しておきたい。

ものづくりって面白いなと思うのは、作ったものに、自分でも気づいてなかった「自分」が出ちゃうこと

ニット帽子・雑貨
lim lim**
藤原珠理さん

ピンクや水色の長い触手が、風にゆらゆらとそよぐ。小さいの、大きいの、中にはピアスに加工されているものも。——藤原珠理さんのニットブランドjim jim**のトレードマークは、色とりどりの糸で編まれた「くらげ」。手作り市などのマーケットに出店するときも、いつも店先には、フックに引っかけられたいくつものくらげが、空中を泳ぐように揺れている。

もともとは、花の形に編んで、コサージュを作るつもりだったんですよ。それを、何の気なしに裏表ひっくり返してみたら、「あれ？　これ、くらげじゃない？」ということになって。いつの間にやら看板商品（笑）。

そう笑う藤原さんにとって、ものづくりは小さいころから、当たり前のように身近にあるものだった。家には、2歳のときに亡くなった祖母が「お手本」のように残してくれた、手作りの洋服やバッグが山のようにあり、小学生のころからそれをひっくり返しては「どうやって作るんだろう」と、研究を重ねていたという。

あとね、うちが「本当に必要じゃないものは買う必要がない」という教育方針の家で、キャラクターグッズとかはなかなか買ってもらえなかったんですよ。でも、小さいときってやっぱりそういうの欲しいじゃないですか。だから、人形とかピンクッションとか、何かしら作っては「これと取り替えようよ」って、友達と物々交換してました。

うん、だから、そのころから自分で作ったものが何か——お金じゃないにしても——に換えられるんだ、っていう感覚はすごく持ってた気がしますね。なぜか編み物は機会がなくて、ほとんどやらなかったんですけど……。だいたいは針と糸でお裁縫、だったかな。

中学からは、埼玉県の「自由の森学園」へ。制服も校則も、数値評価による通知表もなしのユニークな教育方針で知られるこの学校は、美術や音楽などの芸術教育にも力を入れている。プロのアーティストから染色や織物や木工を学べ、やりたければ放課後に何時間でも指導を受けることもできる、そんな恵まれた環境で藤原さんものびのびと中高の6年間を過ごした。

自分で羊を飼って毛を刈って、糸を作ってますという人が糸紡ぎを教えに来てくれたこともあって。そのときはその授業は受けなかったんですけど、今思えば習っておけばよかったなあ（笑）。そのころ作ってたのは木彫りとか、麻ひもを編んだアクセサリーとか、フェルトの飾りを縫いつけたTシャツとか。学校を休んで1人でぷらぷら旅行に出て、そこで拾った貝を加工してアクセサリーにしたりもしてました。それを学校に持って行ったら、買ってくれる子がけっこういたので、そのお金でお昼ごはん食べたりとかしてましたね。

卒業後は、大学進学も考えたけれど、進路指導の先生のアドバイスもあって、ひとまずアルバイト生活を送ることに。母親の勤務先として小さいころからなじみのあった障害児施設で、臨時職員として働きはじめた。

進路指導のときに「大学に行きたいんです」って言ったら、先生に「おまえは勢いでどこかの学校に入るより、いろんなものを見て、じっくり吟味してほんとにやりたいことが見つかってから行ったほうが身になるタイプだから、まずはフリーターがいいと思う」って言われて(笑)。どんな進路指導だよ、っていう感じだったんですけど、その先生のことは信頼していたし、そうかもしれないなあ、という気がしてきたんですよね。

障害児施設での仕事は、出産や病気で休む職員さんがいたときに、その代替で入るという形だったので、数週間働いてお金を貯めては旅に出て、また呼ばれたら戻って働いて、ということを繰り返してました。特に気に入って何度も通ったのが沖縄。バックパッカー宿に泊まって、1年に5回くらい行ったり来たりしてました。滞在費を稼ぐために、ビーズアクセサリーを作って那覇の路上で売ったりもしてたんですよ。

実は、路上売りの仲間から教わって、編み物を初めてちゃんとやったのもそのときで――ただ、そのころはものづくりって、明確に「お金を稼ぐ手段」だったんですよね。だから、面白いなとは思っても、特に本腰を入れてやったりはしなかった。アクセサリーをメインにしてたのも、短時間で作れる上に売れるので、効率がよかったからなんです。

何度も通い詰めるうち、一度はここに住んでみたいという思いが強まり、23歳のときに那覇へ本格的に移住。路上でのアクセサリー売りを続ければ、しばらくは暮らしていけるという算段もあったという。けれど、そこでの生活はわずか４ヵ月しか続かなかった。原因不明の体調不良に見舞われたからだ。

沖縄に行く前から、体調は明らかにおかしかったんですね。吐き気が止まらなかったりめまいが続いたり……。ただ、病院に行っても悪いところはないっていう診断で、「飲み過ぎじゃないの」とか、そんなことしか言われなかったんですよ。自分では精神的なものかなと思ってたし、沖縄に行く前はちょっと落ち着いてたので、大丈夫だと踏んで行っちゃったんだけど、着いたその日の夜からまた嘔吐が始まってしまって……。

藤原さんの作品はすべてかぎ針編み。「平面で編んでいく棒針編みよりも、立体的に形を作っていけるところが性に合うみたいです」

結局、その後も体調は戻らなくなって、食事もほとんど取れなくなっていったし、これは本当にダメだと思って、東京の実家に戻ることにしたんです。でも、本来ならそこで精密検査を受けて、病気が見つかって、となるんでしょうけど、すでに何度も病院に行って原因が分からなかったこともあって、特に検査には行きませんでした。

今思えば、歩きながらジュースが飲めないくらい身体のバランスがとりづらくなってたり、人と話してるときに内容についていけなくなったり、ほかにもいろいろ症状は出ていたんですけど……楽天的なのかなんなのか、「年のせいかなー」とか思ったりしていて（笑）。めまいも、あとで検査したら普通の人は立てないくらいのめまいが起こってたらしいんですけど、なぜかうまく適応して、やり過ごしちゃってたんですよねえ。それに、お金を稼がないと生きていけないし、というので、時々は障害児施設に働きに行ったり、ヘルパーの仕事をしたりもしながら、なんとか暮らしてました。

最終的に、病名が明らかになったのは30歳のとき。最初に身体に異変を感じてから、すでに8年ほどが経っていた。

施設で夜勤中に突然、倒れちゃったんですね。立ちくらみ程度はそれまでにも何度もあったんだけど、そのときはけいれんも出てたし、ちょっといつもと様子が違うな、という感じがしたので、病院でＭＲＩを撮ってもらったんです。そのときも、医者には「（異常がないのに）ほんとに撮るの？」って言われたんですけど、「撮ってください」って押し切って。

結果は「小脳の腫瘍」。正確には病気というより生まれつきの障害で、成長とともに腫瘍も大きくなっていくんだけど、できた場所によっては特に症状が出なくて、気づかないまま亡くなる人もいるんだそうです。私の場合はそれが、小脳の運動機能や情報処理機能にかかわる部分で大きくなったから、いろんな症状が出てきていたわけですけど。

何が起こっているのかもよく分からないままに、入院、そして手術へ。しかし、思いがけずその体験が、藤原さんを「編み物」に向かわせることになった。

その少し前にも、別の病気でしばらく入院していた時期があって、そのときに「病室に持ち込みやすいもの」ということで、久しぶりに編み物を手にしてみたんですね。それが意外に楽しくて。もともと毛糸は好きで集めたりもしていたし、小脳の手術の前後も、検査とかもあってトータルで1ヶ月半くらい入院期間があったから、ずっと編んでました。

そうしたら、編み上がった帽子を見た相方が「俺、今まであんたの作ったもののいいと思ったことないんだけど、帽子はいいんじゃない？」って言うんですよ。よく考えたら微妙な台詞なんですけど、そこは置いておいて「そうか！」と、ますます調子に乗ってやりはじめた、という感じ（笑）。

沖縄で出会ったパートナーの「相方」とは、入院前から都内に部屋を借りて一緒に暮らしはじめていた。それもあって、退院後はものづくりは趣味にとどめて仕事はせず、家のことを主にやるつもりでいたという。

手術したとはいっても平衡感覚はすぐには戻らなくて、平らなところじゃないと立っていられないという状態。入院生活で筋力も落ちてしまって、階段を上るにも一苦労でしたから。

でも、退院して少し落ち着いてきたころに、信頼するアーユルヴェーダの先生に会ってその話をしたら、「それはダメ。あなたは外に出て、人と接する仕事をしなさい」と言われたんですね。「えぇ？」と思いながらも、いろいろ考えて——その少し前に、友達に教えてもらって手作り市に出店したんですよ。ニットの作品を主に出店して、それがすごく楽しかったし、そこそこ収入にもなるなという手応えがあったので、「じゃあ、ものづくりはどうでしょう？」って聞いてみたんです。

子ども向けの小さなサイズのニットも人気だ

高い天井が印象的な一軒家の自宅兼アトリエには、旅先で買った雑貨や実家にあった古い家具、それから作品や材料が混在している

そうしたら「人のために何かを作る仕事は、あなたにぴったり。ぜひやりなさい」と言われて。

その言葉にすごく背中を押された気がして、ニット作りを中心にした生活に、少しずつシフトチェンジしていった感じですね。


現在は、東京都内ながら豊かな自然に囲まれた青梅の一軒家で、制作に専念する。手作り市などのマーケット出店のときには、ニットに本腰を入れるきっかけの言葉をくれた「相方」が一緒だ。普段は畑仕事をしたり、やっぱりものづくりをしたりしながら、藤原さんとlim lim**を支えてくれている。

手術から5年が経つ今も、平衡感覚や空間認識能力は完全には戻らず、大人数での会話についていくのが難しいなど、さまざまな後遺症は残る。


でも、今もどんどん回復してる感じはするんですよ。一時は、電車の中でずっと立ってるとか、あとこうやって話をしながら編むとか、できるようになるとは思ってませんでしたから。

ニットって――というか、ものづくりって面白いなと思うのは、作ったものに、自分でも気づいてなかった「自分」が出ちゃうこと。趣味志向、そのときの状態や考えてること……できあがったものを見て初めて「ああ、今自分はこういう状態だったんだ」とか、「今、こういうものが好きなんだな」とか気づいたりするんです。本来、仕事って何でもそういうものなのかもしれないけど、ものづくりはそれがストレートに、目に見える形で出てくるのが魅力なんじゃないかな。

その意味で、ここ半年くらいずっと悩んでいるのは、自分の「ライン」って何だろう、ってことですね。ものづくりをしている人ってみんな、何を作っていても「あ、あの人の作品だな」って分かるような揺るぎないものがあるんですよね。それが私にはいまひとつないというか――そのときの気分だったり、その場の空気だったり、一緒にいる人だったりによって、作るものの雰囲気が変わってきてしまうんです。

多分、単純に「こういうものを作りたい」ではなくて、自分がどう生きたいか、日々どういうふうに暮らしたいかなんでしょうね。そこがちゃんと明確になったとき、自分の生き方自体に一本まっすぐな芯が通ったときに、作るものも全部、まとまってそこにつながっていくのかなという気がしています。

どう生きたいか、どんな暮らしを紡いでいきたいか。まだ、はっきりした答えが出ているわけではないけれど、見えてきている方向性はたしかにある。東日本大震災と原発事故を経て、その思いはさらに強くなった。

まず何より、地球に、そして人に負担をかけないものをなるべく選んで使いたいと思っています。前は作品に化繊の糸も使っていたんだけど、今は基本的にはそれはやめて、新しく仕入れるのはウールなど自然素材のものだけにしました。できれば本当は、自分の手で自然のものを使って染めて、ということもやりたいんだけど、そうするとどうしても色合いが限られて、自分の中にある作品のできあがりイメージと違ってきてしまうんですよね。その意味では、まだまだ俗世間にどっぷり浸かってる（笑）。でも、それが今の自分の状態なわけだから、その中でどこまでできるか、を考えるしかないんだと思ってます。

もっというと、お金を介した経済的な活動からも、できるだけ離れていきたいなという気持ちもあります。まあ、なかなか自分で羊を飼うところからやるのは大変だし、そうすると糸を仕入れるとか、現実問題としてお金を使わずに生活はできないわけですけど。せめて、ものを買うなら顔の見える相手から買いたいな、とは思っています。相方は「全部物々交換でなんとかならないかなー」って言ってますけどね（笑）。

そういうふうに、これから進んでいきたい方向性は多分もう見えてるんです。だけど、今自分た

ゆらゆらと揺れ
る色とりどりの
「くらげ」たち

ちの置かれてる状況で、現実的にどこまでが可能かっていうのを、模索してるところなのかもしれない。できれば、私がそういう思いを込めて作った作品だから、その思いに共感してくれる人が買ってくれたら嬉しいなあ、と思ってます。

ブランド名に使った「lim lim」は、タガログ語（フィリピンの言葉）で「ぬくもり」「卵を抱くときの温度」という意味。まだ20代のときから、作品に添えていたお気に入りの単語だ。

作品を通じて、ぬくもりが相手に届いて、ぽっと温かくなってもらえたらいいな、と思って。私自身も、ものづくりを通じて人とつながってるなあ、という感覚はすごくあります。手作り市とかに出店すると、私の編んだニットを身につけてくれてる人をよく見かけるんですよ。すごく上手にコーディネートしてくれてたりすると、「えっ、私が作ったの、そんなにいいものでしたっけ?」って思ったりして（笑）。そんなときが、すごく幸せですね。

lim lim**

ホームページ（通販なし）
http://ameblo.jp/julimlim/

lim lim のニットと出会える場所**

委託販売などは今のところなし。東京近辺の手作り市や野外イベントなどに出店している。

手作り品の通販サイト「minne」にも作品を掲載している。http://minne.com/julimlim

藤原珠理　ふじわら・じゅり

1978年東京生まれ。自由の森学園高等部卒業後、アルバイト生活を送りながらものづくりを続ける。闘病生活を経て、2009年からニット作家lim lim**として活動を開始。東京都青梅市在住。

狭い工場の中だけで
腕を競っているよりも、
その「先」を掴みに行きたくなったんです

和紙・小物
聚落社
矢野マサヒコ
さん

京都市右京区の住宅街、昭和の半ばに建てられたという小さな染め物工場の1階。職人さんが7〜8人働いていても違和感はないだろう広々とした空間で、矢野マサヒコさんはひとり、黙々と作業を進めていた。

染めのときはまず、染料と定着剤を混ぜて色を作るんですけど……気温によって染料の固さが違って、それによってでき上がりの色の濃さが変わってきてしまうので、毎回同じ配合で同じように混ぜればいいというわけではありません。そもそも同じメーカー、同じ色番の染料でも、そのときによってムラがあったりもするので、見た目や、混ぜたときの感覚で判断するしかないですね。

矢野さんの「聚落社」が作っているのは、柄は現代風、けれど染めの手法は京都の伝統的な「友禅型染め」という、「あたらしくてなつかしい」和紙。デザインから染めまで、矢野さんがひとりで手がけている。

「染め」の工程も、すべてが手作業だ。角度のついた長さ25メートルほどの作業台の上に、一定間隔を空けて貼り付けられた和紙。その上に、木枠に樹脂スクリーンを張った「型」を置き、「駒」と呼ばれるへらのような道具を使って、染料を上から下へと一気に伸ばす。型を外すと、さっきまで真っ白だった紙の上に、模様がくっきりと染め上げられていた。

1枚にかかる時間は約3秒、すかさず型を右隣の紙の上に移動させ、同じ作業を繰り返していく。

最初は、型を紙の上にずらさずに置くのがそもそも難しいです。それに、駒を動かす角度や力加減はもちろん、気温や湿度によっても色の濃さや線の細さが変わってきてしまう。それをどんな状況下でも上から下までムラなく均等に、イメージどおりに刷るのが職人の腕なんです。

型は型屋さんにデザイン画を渡して作ってもらうのですが、例えばスクリーンがほんの1ミリたわんでいるだけでも、出る色の濃さは変わってくるので、それに合わせてうまく力加減を調整し

ないといけない。駒の断面の曲線の具合によっても、型のスクリーンの表面に接する時間がコンマ何秒変わってきて仕上がりに影響するので、紙ヤスリで磨いで調整したりもします。

すべてが経験と感覚に支えられる職人の世界。矢野さんがそこに飛び込んだのは、意外にも30代になってからのことだった。

高校を出たあと、大阪で旅行の添乗員をしたり、運送屋で働いたり、あまり脈絡もなくいろんなことをしてました。でも、どの仕事もなかなか自分に合うと思えなくて……。30歳くらいになって、改めて「自分は何がしたいんだろう」と考えたときに、ふと「何かものを作る仕事がしたいなあ」と思ったんです。

ただ、具体的にどうすればいいのか分からずにいたときに、たまたま奈良のお寺に遊びに行って。そこで、奈良時代の瓦が置いてあるのを見たんです。当時の職人さんが作ったんだなあ、きっと腕のいい職人と悪い職人がいたりしたんだろうなあ、とか想像したりしているうちに、自分の作ったものがこういうふうに時代を超えて残るっていいな、チャレンジしてみたいなあ、とふと思ったんですね。

やりたいと思えば、すぐに動くタイプだという矢野さん。さっそく、伝統工芸の職人仕事に絞って求人情報を当たりはじめた。なぜか奈良ではほとんど見つからなかったものの、当時は京都なら、職安にもローカル雑誌にも、たくさん求人情報があったのだという。西陣織、仏像制作、染め物に漆塗りと、分野も多彩。ただ、ネックになったのはほとんどの求人が、職場のすぐ近くに住める人限定、ということだった。

連絡して、家は大阪ですと言うと、「とんでもない」みたいな感じの反応をされましたね。でもそのときは、まだその仕事を続けられるかどうかも分からないのに、いきなり京都に引っ越す決心もつかなかった。それでなんとか、大阪に住みながらでも雇ってくれるところを探して……最終的に「来てもいいよ」と言ってくれたのが、友禅の反物の型染めをやっている染め屋さんだったんです。
本当は、昔から彫刻が好きだったこともあって、できれば仏像を彫るとか立体的なものに携わりたかったんですけど、ともかく京都で働いたという実績を作ろう、そうしたら仕事も少しは選べるようになるんじゃないかと思って、まずは入社することにした。だから、最初から染め物がしたいと思ってたわけでは全然ないんです。

京都の土産物向けの縮緬生地などを主に扱う、社長家族と従業員数名の小さな会社。仕事はとにかくハードだった。

まず何より、すごい肉体労働なんですよ。重いものを運んだりすることも多いし、あと効率よくラインを回すために、染めた布を置いた作業台に熱を入れて乾かすので、工場の中がものすごく暑いんです。今は僕は全部ひとりでやっているので、紙を乾かすときにも熱は使っていないんですけど……当時働いていた工場は、真夏でも外に出ると、クーラーが効いた部屋に入ったみたいにひんやりして感じる、という過酷さでした。
おかげで、最初の1ヵ月で5キロくらい痩せました。でも、あまり体重が減ると、今度はばてしまって満足に仕事ができない。それで、土曜の夕方に仕事を終えた後、月曜の朝また仕事に入るまでに、ドカ食いしたりしてなんとか2キロくらいは増やすんです。体調管理も含めて、毎日、仕事のことしか考えてなかったですね。

そんな日々をほぼ1年。技術を習い、ときには横目で見て盗み、ひととおりの工程は経験できたかな、と思っ

使った型は、すぐに洗い流して乾かす（上）。右は染料を混ぜているところ

建物の１階が矢野さんの工房。２階には別の工場が入っている（右）

た段階で、矢野さんは次のステップアップを試みる。職安で見つけた、もう少し条件のいい求人募集を出していた染め物の会社に「雇ってほしい」と電話をかけたのだ。掲載されていた条件は「経験5年以上」だったが、「経験は1年しかないけど、どのくらいやれるか実際に見てもらえませんか」と掛け合った。

最初に入った会社にはもちろん世話になりましたけど、とにかく給料が安かったんです。技術もゼロの人間を雇ってくれたわけですから理解はできますけど、僕ももう30過ぎだったし、そのときはまだ独身だったけどいずれは結婚もしたい、ちゃんと部屋も京都に借りて——と考えると、そこでずっと働くという選択肢はありえなかった。

ただ、正直なところ「見て決めてほしい」と言っても経験は1年しかないわけで、まあ無理だろうな、とは思ってたんですけどね。それでも、外の人に一度見てもらえれば、今の自分に何が足りないのかが見えるんじゃないか、ダメでも勉強にはなるんじゃないかという思いもあって、無理を承知で頼み込んだんです。

そうしたら、社長から「1日来てみろ」と言ってもらえて。さらに、実際に行って作業をしてみせたら、なんと「合格」ということになった。当時その会社は、ほかの職人がかなり年配の人ばっかりだったこともあって、僕の若さに可能性を感じてくれたのかもしれないですが。

今度の会社は、布ではなく和紙への染めが専門。それまでの仕事とは使う素材も違い、技術もより高いレベルが求められた。

職人の仕事って、結果がその場で目に見える形で出るし、それですべて評価されるんですよ。どこの工場にもナンバーワンといわれる職人さんがいて、難しい型の染めは全部その人に行く。あとの職人はみんな、単なる作業員みたいなものです。そして、結果を出さなければ難しい仕事は全然やらせてもらえなくて、上に行くこともできない。もちろん給料も上がらない。実力勝負なんです。

しかも、18歳とか20歳でこの世界に入った職人も多い中で、僕は30からでしょう。10年遅れてるんですよ。普通にやってたら取り返せない、いつまでも10年遅れたまんまだ、という気持ちがずっとありました。

それで、どうしたか。本当ならやっちゃいけない、「おまえは触るな」と言われるような難しい型の染めを、「うっかり間違ってやっちゃいました、すいません」みたいな顔をしてやるんです。もちろん、普段から「あの型をやれたらどんなふうにやろうか」とイメージトレーニングを重ねているんですけど……それで、最低でも70点くらいの結果が出せて、それを社長や工場長に見てもらえれば、もう一度チャンスが回ってくる可能性が高くなる。つまりは先輩の仕事を取るわけですけど、そのくらいのことをしないと、自分の腕も地位も上げられないんです。

もちろんその分、工場の掃除とか、難しくはないけど手間がかかって面倒な仕事とかも、率先して引き受けましたよ。それがまた、自分の経験の積み重ねにもなったと思います。

そんなことを繰り返すうち、7〜8年で、工場の「ナンバーワン」職人から「おまえが後継者や」と言葉をかけてもらえるほどの腕前に。自分でも、分野によっては誰にも負けないレベルの仕事ができるという自信を持てるようになった。

しかし、そうなったとたん、矢野さんの心にむくむくと生まれてきたのは「不安」だった。

それまでは、とにかく技術を上げようと、がむしゃらに走り続けていました。でも、それがある程度叶って、一番うまいと思っていた人とも互角にやれるくらいの自信はついた。そうなると逆に、これから何十年やったとして、あと何を身につけられるんだろう、職人同士の「俺はうまい、おま

木製の「駒」を使って、和紙を一枚ずつ染める

えは下手だ」という腕の見せ合いというか、マニアックな世界の中にずっと閉じこもってるんだろうかと、怖くなってきてしまったんです。
独立という選択肢が出てきたのは、そこからですね。染めの職人をしていると、社外との接点はほとんどないし、デザインや型づくりにもまったく口は出せません。そうじゃなくて、僕らの仕事をお客さんであるメーカーはどう見てるのか、さらにその製品を買った人はどう見てるのか、その声をちゃんと聞いて仕事に反映できたら、普通の職人がたどり着けない段階にいけるんじゃないか、という気持ちがどんどん強くなっていった。狭い工場の中だけで腕を競っているよりも、その「先」を掴みに行きたくなったんです。

また、従来の和柄を染めた紙や布の需要が、目に見えて減ってきていることも気にかかっていた。それなのに、どのメーカーも新しい分野を切り拓いたりはしようとせず、それどころか昔にヒットした柄を使い回して凌いだりしている。そうした状況にも、反感やもどかしさを感じていたという。

例えば「こんな新しい柄を作ったら売れる」と分かっていても、京都の人はプライドが高いから伝統に反することはなかなかやりたがらない。それは京都のよさでもあるのかもしれないけど、僕は苦労して身につけた技術を、もっと広く活用できる方向に行きたい、そういう人間がいてもいいじゃないかと思ったんです。
ただ、独立を決めた時点ではデザインはプロに頼むつもりでした。それが、嫁さんに「一回、自分でやってみたら?」と言われて、「それもそうやな、それができたら全部自分でやれるし」と、あっさり(笑)。知識も技術もなかったけれど、デザインの本を読みあさったりして勉強したら、なんとなくできるような気がしてきた。もちろん、売りに行った先で「こんなもんは売れない」と言われたら何か違う方法を考えようと思ってたんですけど、最初に作った柄を「ちょっと面白いな」と扱ってくれた店があったので……自分でデザインして、自分で染めるという今の「聚落社」の形は、そこからスタートしたんです。

ただ、京都の伝統産業は本当に分業制なので、「染め屋」である僕がデザインを考えるというのはものすごい異例。染めの型を発注したり、紙を封筒や箱に加工してくれる業者を探したりするだけでも一苦労でしたね。「染め屋が何言うてんのや?」と、そもそもやりたいことを理解してもらうのが大変でした。

販路の開拓も、もちろん自分で一からやるしかない。それまで仕事をしていたメーカーの客を奪うのではなく、自分は自分のお客さんを作っていきたいという意地もあって、営業はほとんどが飛び込みだった。

客層を広げるためには、特に「和」にこだわっていない普通の雑貨店にこそ作品を置いてもらいたかった。でも、そういうところに電話すると、「京都で作っていて、和紙で」と言っただけで、「ちょっとうちでは」と断られてしまうんです。だったらもう直接行くしかないというので、リュックに作品を詰め込んで店を回りました。ずっと年配の、しかも男性の職人にばかり囲まれて仕事をしていたんで、初めは女性の店員さんと話すだけで緊張しましたね(笑)。

当初は伝統的なサイズの、大きな和紙だけを染めていたんですけど、個人の雑貨店は小さいスペースでやっているところも多いから、「うちではこんな大きな紙は置けない」と断られることもあって。それで、小さいサイズの紙や小物も作りはじめました。そのあたりは、工場の外に出てみて初めて分かったことですね。

あと、どういうデザインが好まれるのかも、やっぱり外に出てみないと分からない。とにかくお客さんの声を聞いてみようというので、手作り市などにも出店するようになりました。そうしたら、思ったよりも女性のお客さんが足を止めてくれることも分かってきて。今は主に、女性に「かわいい」

お客さんに好きな紙を3枚セットで選んでもらう。人気を測るバロメーターにも

和紙を使った小物入れも人気のアイテム

と思ってもらえるようなものをイメージしてデザインしています。店頭で人気のある柄、あとお客さんが身につけている服や雑貨の色やデザインなんかが、一番参考になりますね。

独立して3年あまり。口コミに支えられて、取り扱ってくれる店舗は北海道から九州まで20以上。フェアなどへの出展を誘われたり、包装紙などのオリジナル製品を発注されることも増えた。外から見れば順風満帆の状況にも、矢野さんは「ちょっと油断してたら、自分の居場所なんてすぐになくなると思っている」という。

今はたまたま気に入ってもらえているけれど、流行のサイクルはとても速いし、今日喜んでくれたお客さんが、来月同じ柄を見てまた喜んでくれるわけではありません。ちょっと気を抜けば伝統的な和柄と同じように、時代の「枠」から外れてしまうかもしれない。作り手の中には、僕より努力している人なんていくらでもいるし、もっと頑張って、お客さんの期待に応えていかないとダメだといつも思っています。自分1人でできることなんてすごく少なくて、お客さんや扱ってくれている雑貨屋さんや、たくさんの人が応援してくれるからこそ、いろんなことができるわけですし。ただ、仕事が広がれば広がるほど、営業や発送の作業に追われて職人としての仕事をする時間がどんどん食われていって、腕が落ちるんじゃないかという不安もあって。ここまで、全部1人でやってきたけど、発送とかの部分は少し家族に手伝ってもらおうかと考えたりもしているところです。ひたすらがむしゃらに走ってきたけど、ちょっと落ち着いて、いろんなやり方を冷静に考える時期もあっていいのかなあ、と。

聚落社の「聚落」という言葉は、「人が集まって生活しているところ」という意味。伝統だけにとらわれるのではない、新しい形のものづくりに共感する作り手たちが集まってくる場になれれば、との思いを込めてつけた屋号だ。

最近は、いろんなアーティストの方とのコラボレーションも増えているので、思っていた以上に意味のある名前になったなあ、と思っています。

あと、これは聚落社とは別の形になるのかもしれませんが、例えば僕が東京で受けた仕事を、京都のいろんな職人さんと協力してやれるような、そんな形を作れないかなということも考えています。そうやって技術を生かせる場を作っていかないと、京都のものづくりも多分これから中国などに追い抜かれて、あっというまに廃れてしまうでしょう。僕はそうはしたくない。修業時代には、その人の背中を見ただけで身が震えるような、すごい技術を持っている職人にも会ってきましたし、彼らの技術をちゃんと残していきたいと思うんです。

僕としても、技術を身につけさせてもらった京都に対して恩返し——というと大げさですけど、何か還元できるようになりたいという思いもあります。今の工場も、最初に入った会社での先輩の縁でお借りしていて、それがなければ聚落社はそもそも、できなかった。伝統産業の世界からは飛び出してしまったけれど、やっぱり京都は、僕にとって切っても切れない縁のある場所だと思っているんです。

聚落社

ホームページ（通販あり）
http://jyuraku-sha.jimdo.com/

聚落社の和紙と出会える場所

以下のお店などで取扱中（詳しくはホームページを）。

- 紙の温度
  愛知県名古屋市　https://www.kaminoondo.co.jp/
- R branch 603
  大阪府大阪市　http://www.ryu-ryu.com/603.html
- Nitte
  兵庫県西宮市　http://www.nitte-manon.com/nitte/nitte.htm
- カウリ
  奈良県奈良市　http://kauri-online.com/
- ジュリエットレターズ
  福岡県福岡市　http://www.juliet.co.jp/index.html

その他、雑司ヶ谷手創り市、京都・知恩寺で開催される「百万遍さんの手づくり市」などにも出展している。

矢野マサヒコ　やの・まさひこ

大阪府生まれ。京都の染工場で職人として技術を学び、2010年に『聚落社』を立ち上げる。

漆器・漆箸
かとうなみこさん

いわば「健全なB級品」ですかね。
興味のない人にも、漆だと意識せずに
まずは手にとってもらいたいな

水玉模様、市松模様、花や果物や電車のイラスト……かとうなみこさんの作るお椀やお箸は、一般的な「漆塗り」のイメージとはちょっと違って、なんともポップでかわいらしい。「伝統的な漆塗りの世界からすれば、〝落第生〟ですからねえ。自分でもよく続いてるなあと思います」とかとうさんは笑う。

「漆」との出会いは、小学校4年生のとき。社会科の教科書に出てきた「日本の伝統工芸」のページに、和紙や織物などと一緒に紹介されていたのが、艶やかな黒と赤が目を惹く「輪島塗」の漆器だった。

こういうのを作る「職人」さんっていいなあ、おもしろそうな仕事だなあ、と。生まれ育ったのは埼玉の住宅街で、家族も近所の家も公務員やサラリーマンばかり。大人ってみんなそういうものだと思ってたし、ものづくりをするような人は周りには全然いませんでした。だからこそ逆に「こんな世界があるのか」って印象に残ったのかもしれないですね。

高校生くらいのときは、職人になんてなれるかどうか分からないんだし、普通に進学か就職しようとも思ってたんですけど、かといって他に特にやりたいことも思いつかなくて。結局、「失敗するなら早いうちのほうが軌道修正もきくし」とも考えて、進路指導の先生に「輪島塗の職人になりたい」って言っちゃったんです。親は「小学生ならともかく、いい年して何言ってんだ」って、すごい怒ってましたねえ。

それでもなんとか家族を説得し、卒業後の春、石川県が伝統技能の継承のために設立した「漆芸研修所」に入学。漆塗りの本場・輪島市で暮らしはじめた。念願の職人修行に邁進する毎日……のはずが、研修所での2年間は、「とっても自堕落な日々」だったのだという。

実は、研修所が目指しているのは、「職人」というよりも「作家」の育成なんですね。しかも、職人になれたとしても、不景気で仕事は全然ないし食えないよ、なんていう話も耳に入ってきて……。研修所の授業自体は面白かったんですけど、「ここで頑張っても職人にはなれないのかな」と思うと、なんだかつまらなくなってきてしまった。もともとわりと器用なたちなので、技術的にはそれなりについていけてたと思いますけど、遅刻したり学校に漫画持って行っちゃったり、熱心な生徒とはとても言えなかったです。

それでも2年間は通いましたけど、その上の専門コースに進学する気にはなれなくて。そこで研修所はやめてしまいました。

とはいえ、あきらめて輪島を去る決心もつかない。迷った末、かとうさんは当時暮らしていたアパートの大家さんでもあった蒔絵師のところに弟子入りを決める。今は「塗り」を専門にしているかとうさんだが、当初は蒔絵の華やかさに惹かれ、研修所ではそちらを専攻していたのだ。

普通、弟子っていうのはお給料は出ません。よく「教えるんだからお金を取りたいくらいだ」って言われますけど、実際1年目2年目なんてほとんど役に立てなくて、むしろ親方の仕事を邪魔するほうが多いくらいですから。でも、私が弟子入りした親方はすごく優しい人で、お給料のかわりに、って部屋の家賃をただにしてくださったんです。もちろん、生活費は稼がないといけないので、実家から仕送りもしてもらいつつ、喫茶店や旅館でアルバイトもしてましたけど。

弟子生活としては、おそらくかなり恵まれたスタート。しかしそこを、かとうさんはわずか1年で自ら去ることになる。

当時付き合ってた人が、輪島の地元の人だったんです。で、地方って、みんな結婚するの早いじゃないですか。私はまだ21歳だったし、相手も二つ上だったんですけど、なんだかもう「そろそろ結婚するのが普通じゃない?」みたいな話になって。私もそんなものかなと思って、親方のところに報告に行ったんです。浅はかなことに、そのときはそのまま弟子も続けるつもりだったんですよ。

それまで、二日酔いで工房に行ったりしても、注意はするけど怒鳴りつけたりは絶対しない、すごく優しい親方だったんですけど、さすがにそのときは「なら、蒔絵はいったんやめて、家のことに専念しろ」と言われました。それでも私はまだ「え? そんな話になっちゃうの?」っていう感じだったんですけど……。

でも、たしかに弟子の仕事って徹夜とかもしょっちゅうだし、片手間にできるようなものじゃないんですよ。それも、夫婦2人で暮らすんならなんとかなったのかもしれないけれど、結婚相手は輪島塗の木地師の家の息子で、「嫁に入る」ことになるのは目に見えていたので。私は生まれ育った埼玉の感覚が抜けてなかったのか、そのあたりの現実をあんまり自覚してなくて、親方に言われて初めて気づいたような感じでした。ほんと浅はかだったなあ、と今は思いますけどね。

仕事に心は残しつつも、そうして退職、結婚。翌年には長女も生まれ、夫の両親と同居しながら、家事と育児に専念する日々が続いた。ところが娘が1歳になったころ、大口顧客の急逝などで家業の雲行きが急速に悪化。「嫁」であるかとうさんも、わずかでも家計を助けるため、外に出て働く必要に迫られる。知り合いのつてをたどり、輪島に工房を構える漆作家の赤木明登さんが「弟子ではなくパートタイムの有給スタッフという形で」雇ってくれることになった。

赤木さんは塗師なので、作るものの内容も私が修業時代にやっていた蒔絵とはまったく違います。

椀の外側は機械で固定して回しながら漆を塗る（上）。下は箸を研いでいるところ

漆塗りの刷毛には人毛が使われている。 下は押し入れを改造した「漆風呂」

当時で工房には4～5人お弟子さんがいて、下地や中塗りなどの作業を担当してましたね。

私は弟子ではないので、最初はお茶を入れたり片づけ物をしたりの雑用担当。ただ、赤木さんがけっこうチャレンジ精神のある人だったのかなと思うんですけど（笑）、通っているうちに少しずつ、漆の作業もやらせていただけるようになったんですね。きちんと一つのものを仕上げるのではなくて、これやってみる？　それができたんならこれもやって、という感じで、あくまで場当たり的にそのときある作業をやる形ではありましたけど、それでもいろんな工程を体験させていただいて。赤木さんにも「ずっとうちにいれば、そのうち上塗りまでやらせてあげるよ」って言ってもらっていたし、自分でもそうできたらいいなと思っていたんですけど……。


しかし、赤木工房で働きはじめて5年目に、加藤さんは夫と離婚。当時4歳だった娘を連れて実家の埼玉に戻る決意をする。


普通、木地師と塗師の夫婦ってすごくいいコンビだって言われるんですけど、うちはそうはならなかった。作りたいものが違いすぎたし、お互いに未熟だったっていうのもあるんでしょうね。

本当は、離婚しても工房はやめたくなかったです。しばらく専業主婦をしていた後で、仕事を通じて「社会とつながってる」感覚が心の支えになっていたし、あと最初の修行先を途中で放り出しちゃったこともすごく後悔していたので。ただ、夫との関係もあって輪島にいること自体が難しくなってしまったし、精神面からなのか体調もボロボロに崩してしまって、最終的には埼玉に戻るしかないような状況になってしまった。

帰るなら、もう漆の仕事は全部やめようとも思いました。でも赤木さんが――たぶん、忙しくて人手が足りないということもあったんだと思うんですけど――「素材を送るから、埼玉で手伝ってくれないか」と言ってくれて。「同情ならいりませんから！」なんて、生意気なことを言ったりもしたんですけど（笑）、結局お引き受けして、埼玉でも漆の仕事を続けることになったんです。
実家に戻った後も、しばらく体調はどん底状態でした。それでも、子どももいるし一応仕事はあるし、それほどつらいという感覚はなかったですね。なんだかいつも、もっと頑張らなきゃなあ、とは思ってましたけど……。

今のようなオリジナル作品を作りはじめたのは、ちょうどそのころのことだ。きっかけは、輪島時代に知り合ったセレクトショップのオーナーが、「若い作家さんの漆器を集めて展覧会をやるから」と誘ってくれたこと。もともとオリジナルをつくりたいという願望はまったくなかったというかとうさんだが、実はひそかに作ってみたいと思っていたものがあった。子ども用の食器だ。

娘がもっと小さいころ、私の好みで無地のお椀を使わせたりしてたんですけど、あるとき何気なくキャラクターもののエプロンをさせたら、普段とても食の細い子なのに、大喜びでごはんをもりもり食べだした、ということがあって。びっくりして「このパワーには勝てないなあ」と。
じゃあ、漆塗りのお椀やお箸も、ちょっとだけそういう精神を取り入れて、もう少し親しみが持てるようなものが作りたいな、それで娘が少しでもごはんを食べる気になるといいな、とずっと思ってたんです。

子ども用の小さな椀木地を取り寄せ、娘に「何描いてほしい？」と聞きながら表面に絵を入れていった。ドット、ハート、リボン模様……最終的に出来上がったのは、世界のどこにもない「ちょっとカオスなお椀」。同じようなテイストの作品をいくつか作って展示会に出したら、思いがけず気に入って買ってくれる人が現れた。

子ども向けのデザイン
のバラエティも増えた。
手前から２番目は人気の
「電気機関車柄」のお箸

子ども向けの漆塗りが珍しかったからなのか、あんまりきっちりしてない、ゆるーいハート模様が新鮮だったのか（笑）、ショップのオーナーにも「もっと作ったら置くよ」と言ってもらって。その後、こっち（埼玉）でも友達に声をかけてもらって、手作り市みたいなところに出展したり、そこで作品を見た人がまた「うちの店にも置きたい」と言ってくれたり、と広がっていって。もともと「自分の作品を作りたい」とかは全然なかったはずが、周りの人たちがうまく誘導してくれたという感じですね。

今は、赤木工房の仕事とオリジナル作品が半々くらい。ずっと輪島の外にいるので、オリジナルだけやっていると、工程や塗り方も本来の輪島塗から離れて、どんどん好き勝手になっていっちゃうんですよ。それがダメだというのではないけど、赤木工房の仕事は工程もきっちり決まっているし、クオリティももちろん求められるので、「ちゃんとやらなきゃ」って気が引き締まります。ほんとに、勉強させてもらってるなと思いますね。

実家を出て、近くに今の自宅兼工房を借りたのは3年ほど前だ。昭和レトロな雰囲気漂う平屋の住宅は、決して新しいとはいえないけれど、それだけに自由に改造もしやすい。部屋の奥に作業台やろくろなどの器具を設置し、その脇にある押し入れの中には電気ポットを置いて、漆を乾かすための「漆風呂《うるしぶろ》」として使っている。作業台の周りには、ところ狭しと並ぶ木地や塗り途中のお箸やお椀。娘が学校から帰ってくれば、ちゃぶ台スペースに移動してお茶を飲んだりもする「職住一致」の空間だ。

実家にも空いている部屋がないわけじゃなかったんですが、父親はもともと私が職人になるのも反対だったし、「この際、もう違う仕事を探したほうがいいんじゃないか」と言われたり。漆ってけっこう臭いもしますし、気持ち的にもちょっとやりにくかったんですね。それで、娘が小学生になる前に、どこか工房を探そうと思って。シングルマザーだし会社員じゃないしで、物件を借りるのもちょっと大変だったんですけど。

自分の工房ができたことで、誰の目も気にせずすごく自由に仕事ができるようになりました。それもあって、ここに移ってきて2年目くらいに、個人事業主として開業届けを出したんですよ。それまではどこかで「（漆を）いつやめてもいいや」と思っていたし、なんとなく続けていたようなところがあったんですが、少しずつお客さんから注文をいただけるようになったこともあって、もうちょっとちゃんと腰を据えてやりたいな、という気持ちが出てきたんです。

といっても、一度体調を崩してることもあって、徹夜作業とかはできるだけしないようにしてるんですけどね。昔はほんとに睡眠時間を削って、このお箸に漆を塗ったら何時間後に乾くから、その間にこっちのお椀を研いで、というふうに、作業本位で生活をしていたこともあるんですけど、やっぱりすごくつらかった。今は、夜は寝るようにしてますね。あと、どんなに忙しくても、ＮＨＫの朝の連続ドラマだけは見てます（笑）。


「塗って、乾かして、研いで、また塗る」を何度も繰り返す漆の作業。かとうさんの作品の場合、お箸でだいたい6～7回はその工程を重ねるという。


不思議なもので、「こんなやり方しなくても大丈夫だろう」と思って、工程を飛ばしたり先生に習ったのと違うやり方をしようとしたりすると、てきめんにあとでダメな部分が出てくるんですよ。一見面倒に見える伝統的な手法が、実は一番合理的なんですね。

一説には、人類が漆を使いはじめたのは９０００年くらい前で、しかもそのころと作業工程があんまり変わってないらしいんです。せいぜい、研ぐときにお椀を固定するろくろが電気で動くようになったとか、そのくらい。しかも、研ぎ自体は今も、人の手でやってますからね（笑）。

最近は、漆の見た目や手触りのよさとかよりもそういう、人間の歴史とともにずっと使われてきたというところに惹かれます。そして自分も、そうやってずっと続いてきた流れの中にある点の一つなんだな、という感覚がすごく幸せ。「たまたま」で飛び込んだようなところもあったけれど、本当にいい素材を選んだな、と思います。

今、市場に出回ってる漆の９割くらいは中国産で、私も以前はそれを使っていたんですが、ある生産者さんとの出会いを機に、伝統的な手法で作られた岩手県産の漆に切り替えました。値段はたしかに高いけれど、お椀もお箸も口をつけるものなので、やっぱり安全だと思える材料を使いたい。あと、漆だけじゃなくそういう伝統的な素材の生産者が、消費量の減少とともにどんどんいなくなっているという話も聞いて。私が使う量なんて微々たるものですけど、少しでも貢献できればいいかなあ、と思っているんです。

今、国も後継者育成とかのバックアップに乗り出しているみたいですけど、ほんとはそれよりもっと単純に、漆がみんなに愛される存在になればいいんですよね。日本人にとって、お米と同じくらい身近な存在にするのが夢、って言ってます（笑）。

そうした思いもあって、これまではどちらかといえば、気軽に手に取れる、手ごろな値段のものを主に制作してきたかとうさん。けれど最近は、それとは少し違う思いも浮かびはじめているそうだ。

これまで目指してきたのは、素材はちゃんといいものを使ってるけど、工程を少し簡略化してあるから安いんですよ、というようなもの。いわば「健全なB級品」ですかね。興味のない人にも、漆だと意識せずにまずは手にとってもらいたいな、と思ってました。

ただ、お客さんと話してると、やっぱり漆に「いいもの」を求める方も多いんですよね。「一生もののお椀がほしい」とか。今の作品は、そこまで保つようには作っていないので……前は、そういうものは私は作らなくていいと思っていたんですけど、最近はちょっと、そういう「一生もの」

市に出店するときには、小学生になった娘が手伝ってくれることも

も作れればいいな、こっちをやるからこっちをやめるとかじゃなくて、うまくバランスをとってやっていけたらいいなと思ってます。

もし、ずっと輪島にいたら、今作ってるようなものはきっと作ってなかったと思うんですよ。周りの職人さんの目も気になるし、自分自身ももっと「伝統」に縛られていたと思うから。そうじゃなくて、思ったように自由にやれるのが産地の「外」にいるよさなんだけど、かわりに逆に「プレーンなものは作らない」と、自分を型にはめちゃってたところがあるのかもしれないですね。

多分、きちんと修行を終えられなかったというコンプレックスが、ずっとどこかにあるんです。上塗りもきちんと学んでいないから、「プロの仕事はできない」って思ってた。でも、上塗りをきちんとした滑らかなものも、そうじゃない素朴な味わいのものも、どちらも「漆」なんですよね。今は、そういういろんな漆の姿をちゃんと周りの人に見せられるようになりたいと思って、上塗りをした滑らかなお箸なんかも、試しに作ってみたりしています。

ところで、今のかとうさんは「作家」？　それともやっぱり「職人」ですか？

うーん……作家っていうと、やっぱり伝統工芸展とかに出展してる人みたいなイメージなので、そう名乗るのは抵抗があります。でも、「職人」とも自分では名乗れない。そうですね、名乗るとしたら「漆をやってる人」くらいでしょうか（笑）。でもいつか、「職人です」って、ちゃんと言えるようになりたいですね。

漆　かとうなみこ

ホームページ（通販あり）

http://urushinamiko.jimdo.com/

かとうさんの漆と出会える場所

以下のお店などで取扱中（詳しくはホームページを）。

- うつわわいち
  石川県輪島市　http://www.openterrace.com/u-waichi/
- 深澤商店
  埼玉県蓮田市　http://fukazawa925.jugem.jp/
- 不思議議舎
  埼玉県伊奈町　http://members2.jcom.home.ne.jp/fushigiya/shop.html
- アトリエ Sachi
  北海道札幌市　http://www13.plala.or.jp/atelier-sachi/
- おわんや巧
  京都府京都市　http://www.owanya-takumi.com/company.html
- 宙 sora
  東京都目黒区　http://tosora.jp/

その他、雑司ヶ谷手創り市などにも出店するほか、
ギャラリーなどの展示会にも参加。

かとうなみこ

1981年埼玉県生まれ。高校卒業後、石川県立輪島漆芸技術研修所特別研修過程専修科に入学。卒業後、蒔絵師の弟子、㈲ぬりものの工房スタッフなどを経て、埼玉県蓮田市でオリジナルの器と箸製作を開始。

自家製本
小さな本工房
鴨原利夫さん

もしかしたら作品そのものについてよりも、
道具について考えていることのほうが
多いかもしれません。

手作り市に出店していた「小さな本工房」の前を初めて通りかかったとき、思わず「なんだろう?」と足を止めた。ずらりと並んでいるのは、豆本というには少しばかり大きすぎる、でも文庫本よりもまだずいぶん小さい、手作りらしき書籍たち。手にとってページをめくってみたら、外国のものらしい絵本だったり、英語や韓国語やフランス語の例文集だったり、百人一首だったり…。「文庫本のちょうど半分のサイズだから、〝ぱん・ぶんこ〟っていうんですよ」。後で、作り手である鴫原利夫さんがそんなふうに教えてくれた。

製本は、どこか学校に通ったわけでもなくて、完全に独学です。自分が語学を勉強するときに「こんな本が欲しいな」と思って、製本のテキストとかを読んで作りはじめたのが最初なんですよ。

もともと語学が好きで、大学でも韓国語を専攻していたという鴫原さん。卒業後、直接語学に携わる仕事に就いたわけではなかったけれど、趣味の一つとしていろんな言語の勉強はこつこつと独学で続けていた。

その「語学好き」にさらに拍車をかけたのが、ハーブとの出会いだ。20代の半ば、たまたま口にしたハーブティーが「びっくりするくらいおいしかった」のをきっかけに、ハーブ類に関する研究にのめり込んだ。

あとで聞いたら、私が飲んだのはえらく高級なハーブティーだったらしいんですけどね（笑）。ともかく、それをきっかけにハーブにはまってしまって、一時期はハーブを使った花かごづくりなんかにも凝っていました。

それで、研究のためにいろいろハーブに関する本を集めはじめて。今は海外の古書店からもインターネットで商品を取り寄せられるし、和書だけじゃ飽き足らなくなって、洋書にも手を出すようになったんです。そしたら、当たり前だけど外国語でしょう。読めないと意味ないじゃんとい

うので、英語とかフランス語とかをそれまで以上に一生懸命勉強するようになったんです。学習の動機としては、なかなか高尚でしょう？（笑）

とはいえ、多忙な会社員生活の中では、学生時代のように落ち着いて机に向かって勉強する時間はなかなか取れない。自然と、通勤などで利用する電車の中が勉強場所になった。

そうすると、市販の語学のテキストそのままだと、かさばって重いし、満員の車内の中では読みにくい。ましてや書き込みなんてなかなかできません。それで、テキストに載っている例文をそのままパソコンに打ち込んで、自作の「本」を作ってみたんです。

最初に作ったのは本当に簡単な、16ページのものです。A4の8分の1の大きさを1ページとして、その両面にそれぞれ印刷できるような形にテキストを面付けするんですね。それを出力したものを、市販の製本のテキストを参考にして糸で本の形に綴じてみたのが「小さな本」の第一号なんです。

ふとした思いつきだったけれど、実際に持ち歩いてみると、この「本」は思った以上に使い勝手がよかった。

大きすぎず小さすぎず、ちょうど手のひらにフィットして収まるサイズなんですね。小さいから電車の中で開いていても周りの人の邪魔にはならないし、何冊も持ち歩いても大した荷物にはなりません。

あと、特に最近の本って、糸を使わず、ページの背を糊で固めて綴じる「無線綴じ」がほとんどで、180度平らに開くことができないでしょう？　布団の中で読もうとしてもすごく読みにくかったり……でも、ちゃんと糸でかがって綴じた本はめいっぱい開くことができるので、読みやすいだけじゃなくて、語学の勉強に欠かせない書き込みをするのにもすごく具合がよかったんです。それで、これはいいと、語学、ハーブに続いて本づくりにも熱中するようになって。

古書店めぐりも好きで、好きな作家の古い本を少しずつ買い集めたりもしていた鴨原さん。以前から19世紀末から20世紀初頭に出版されたヨーロッパの絵本にも興味を持って、インターネットで取り寄せたりしていた。その中では、ときには綴じが取れかけていたりと、あまり状態のよくない本にも出会う。製本技術を身につければ、そうした本を修理するのにも役立つのでは？　という思いもあったという。

　でも、１５０年近く前の本でも、今の本と変わらないくらいきちんと作られているし、意外と壊れないんですよ。むしろ、無線綴じで作られた今の本のほうが平らに開けなくて使い勝手が悪いし、一度壊れてしまうと直せない。昔の、糸でかがって綴じてある本は、かがり直せばまた元通りなんです。かがり方自体は、今私がやっているのとほとんど変わらないので……そういうことにも、自分が本を作りはじめてから気がつきましたね。

　ページ数を増やしたり、語学のテキストだけじゃなくて好きな小説や随筆の一部をテキストにしたりと、バラエティは広がっていきましたけど、基本的な構造やサイズは最初から変わっていません。一度、さらに半分のサイズのものも作ってみたんですけど、さすがにそうなると文字自体が小さくて読みづらいし、ページもめくりにくいんです。

　かといって、中途半端なサイズにしてしまうと、紙のいらない部分を切り落とさなくちゃいけなくて、ゴミが出るでしょう。それもあんまりいいことじゃないなあと。今のサイズなら、Ａ４を８つに折ったそのままの大きさなので、無駄が出ないんです。化粧裁ち（仕上げとして紙の端をきれいに

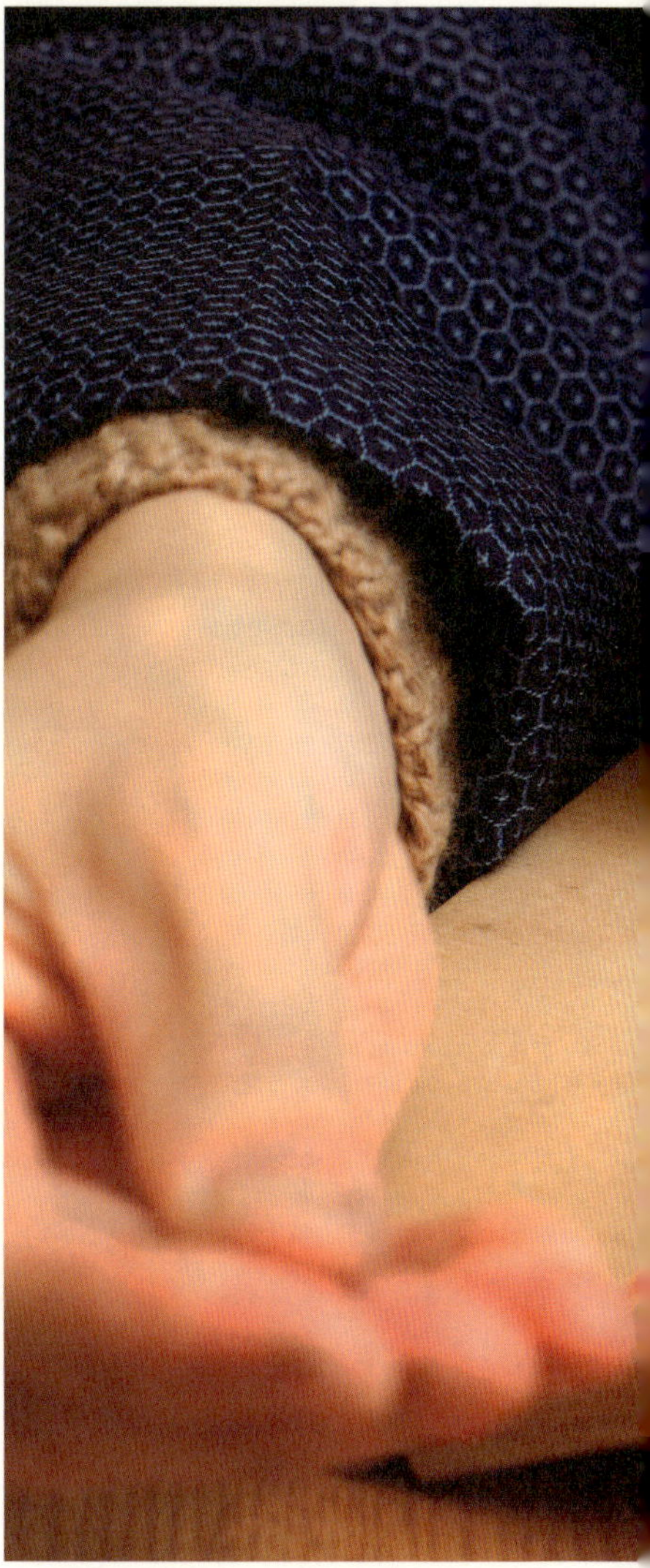

自作の台の上で製本作業。冬は市でも自宅でも、
綿入れ半纏が「ユニフォーム」

切り揃えること）も、絵本など見栄えを重視するもの以外はやりません。紙の折り目に定規を当てて切ったままなので、どうしても折ったときに生じる厚みの分、紙の端に凹凸は出てしまいますけど、読むのには何の支障もないですし、手作りのものとしては十分だと思っています。

作品がどんどん増えていくうちに、他の人にも見てもらいたい、使ってもらいたいという気持ちも芽生え、3年ほど前からは手作り市への出店もスタート。それまで自分用に作っていた語学テキストだけではなく、どうせなら道行く人の目を惹くものを並べたいと、カラフルなイラストが添えられた古い絵本の小型版なども作りはじめた。

販売するとなると著作権の問題も出てくるので、すでに権利が切れている古い本を選ぶんです。インターネット上で公開されているテキストを使ったり、自分の持っている絵本をスキャンしてデータ化したり。出店しはじめたばかりのころはいろいろ揃えなきゃという気持ちもあったし、準備に時間がかかって、毎回のように前日は徹夜していましたね。

お客さんの反応ですか？　なかなか好評……というか、珍しがられたという感じでしょうか（笑）。本って自分で作れるんだ、というのが、そもそも驚きだった人が多かったみたいですね。最初のころは、「好きな絵本を、あなたの好きな色や素材の表紙で仕立てます」というリクエストも受け付けていたんですが、初出店の日も3人くらい注文してくれたお客さんがいましたよ。

私自身もお客さんの反応を見るのがすごく好きなこともあって、その後も手作り市にはほぼ毎月出店しています。他の出店者のところに遊びに行ったりお客さんとおしゃべりしたりしてばっかりで、知り合いには「またサボってる」って言われたりしますけどね（笑）。まあ、出店料と交通費と、あとその日の食費くらいが稼げればいいかなあと。半分お祭り気分で行っているので、それはそれでいいのかなと思っているんです。

2年ほど前に一度転職を経験した鴫原さんだけれど、いまも生活の中心は会社勤め。出店は週末、制作も夜や休日が基本で、自宅の小さな机一台が作業スペースだ。

あとは、テキストを打ったり面付けしたりするのにパソコンを使うくらい。特別な道具はいらないし、スペースも取らないのが製本のいいところですよね。

紙を折るのに使うへらは、製本の教科書を読むと「骨製のへら」って書いてあるんだけど、私はそういう高いものは使ってません(笑)。製本のワークショップをやるときに持って行ったりもするので数をたくさん揃えてはいるんですが……これはペーパーナイフだし、こっちはジャムべら。こっちは、もともとバターナイフとして売られていたものを「こういう用途に使うので、もうちょっと長くないと使いにくいんですが」って作り手さんに話したら、もうちょっと長いものを特注で作ってくれた。さらに使い勝手をよくするために、紙ヤスリで磨いたりもしょっちゅうですね。

紙を折るときに使う台はまな板、糸でかがるときの台やかがり穴を空けるときに使う台はドアストッパーを、それぞれ改造して作りました。定規類も、使いやすいようにカットしたり、違う形のものをくっつけたり。1冊しか作らないなら別ですけど、やっぱり同じものを10冊、20冊作るので、ある程度効率よくできるようにと考えると、どうしても道具を自作するところからになっちゃうんですよね。「何か使えるものはないかな」って手芸店とかもよく見に行くし、もしかしたら作品そのものについてよりも、道具について考えていることのほうが多いかも。

一方で、糸や紙などの材料にはそれほど特別なものを使っているわけではないという。

本文を印刷する紙は、真っ白のコピー用紙ではなくていわゆる書籍用紙を使うようにしてますけど、そのくらいですね。もちろん、カバーに使う紙と綴じるのに使う糸の色の組み合わせを考えたりはしますけど……手間が同じなら、多少なりとも見た目がいいほうがいいですから。

ただ、基本的には「特別じゃないもの」を作りたいんだと思います。よく、製本や装丁というと、ヨーロッパで専門に勉強してきたみたいな職人さんもいますけど、そういう人が目指しているのって、たいていの場合は1冊で何万円もするような「一点物」でしょう。表紙は本物の革で、花布《はなぎれ》は絹で、金箔で箔押しをしてとか、読むための本というよりはアートで、手袋をしないと触れないようなもの。それはそれで一つのあり方でしょうけど、私が作りたいものではないんですよね。ある程度美しいものにはしたいけど、立派すぎて使いづらいようなものにはしたくないんです。

「豆本」と呼ばれることもありますが、厳密にはそれとも違うと思っていて。豆本だと、マッチ箱サイズとか、もっとずっと小さいものが多くて、本というよりは雑貨でしょう。私はそこまで小さいものにはしたくない。どっちつかずの中途半端とも言えるけど（笑）、小さくてもちゃんと本としても楽しめるものを作りたいんです。

最近では、これまで手作り市の会場などで開催してきた製本のワークショップが好評で、書店などに呼ばれて実施することもしばしば。でも、ワークショップで「小さな本」の作り方を広めてしまったら、鴨原さんの作品が売れなくなってしまう、なんてことはないのだろうか。

うーん、まあ、そのときはそのときで、また何かちょっと違う、新しいものを作ればいいわけだし、そこはあまり意識していません。それよりは、「こうやって本が作れるんだよ」という可能性というか面白さみたいなものをもっと伝えたい、広げたいという気持ちのほうが強いですね。

それに、そもそも普通に「商売」にしようと思ったら、やっぱり成り立つ世界じゃないですよね（笑）。お金を儲けようと思うのなら、もっと別な方法を考えると思います。お金を稼ぐための「商

当初、自分の勉強用に作っていた本。市に見本として持っていくこともある

古い絵本の原本と、スキャンして出力したもの、小さな本に仕立てたもの（上）。自分用の本には書き込みがいっぱい（右）

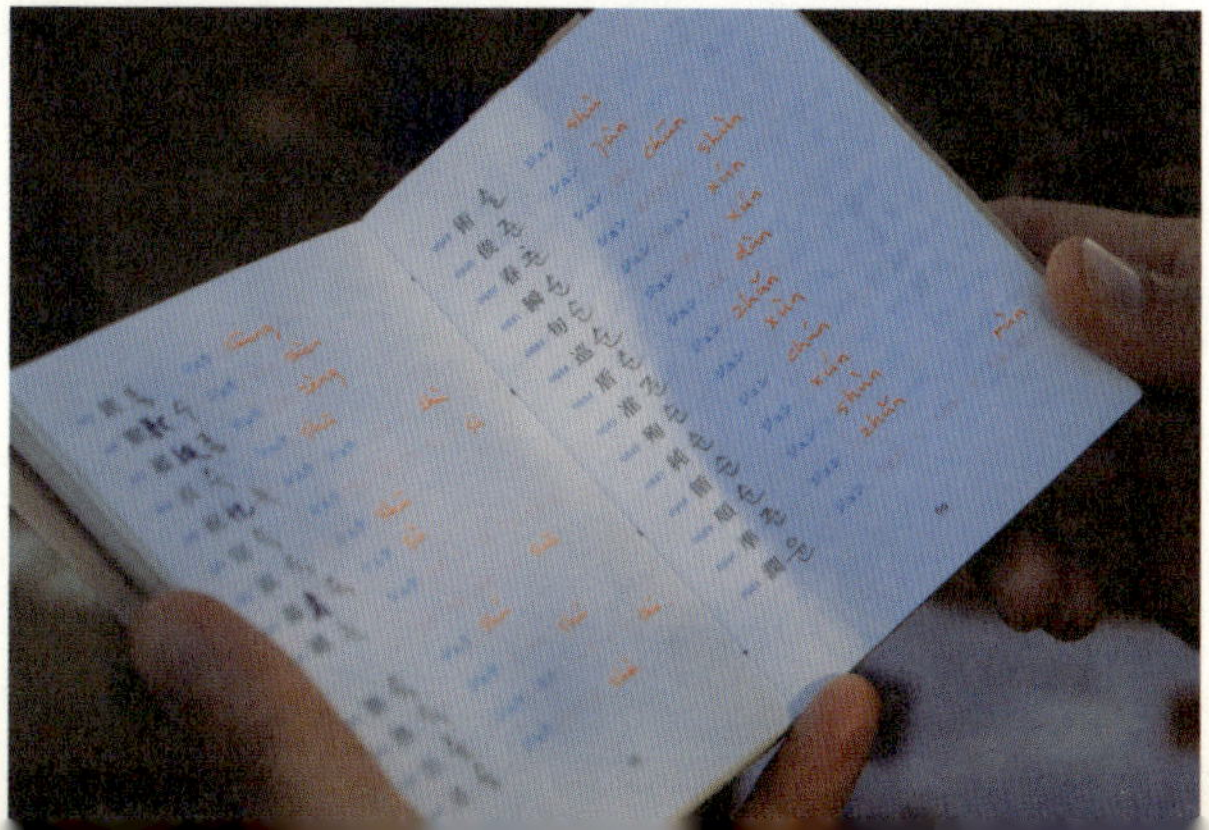

品」として作ろうとしたら、結局どこかで「これはいくらで売らないと儲けがない」とか「コストを削減して」とか、お金に換算した価値観に縛られるようになってしまう。それはちょっと、自分が作りたいものとはまた違うものだなあ、と思うので……。儲かるわけじゃなくても、どこかに「いいね」と言ってくれる人がいる限り需要はあるかもしれないし、仮になかったとしても自分にとっては必要なものだから作り続けている。それだけなんだと思います。

まあ、これが一生の仕事になるのかどうかはまだ分からないし。語学、ハーブ、本づくりと来たので、10年経ったらまた違うことをやってるかもしれないですよ（笑）。

小さな本工房

ホームページ（通販なし）
http://waldsteig.net/

小さな本工房の本に出会える場所	委託販売などは今のところなし。雑司ヶ谷手創り市を中心に、豆本フェスタや各地のクラフトフェア、書店イベントなどに出店。

鴫原利夫　しぎはら・としお

1969年福島県生まれ。大学卒業後、日本語学校の職員として働きつつ、2003年ごろから本づくりをはじめる。

クラフトワーカーは、「食べて」いけるのか？

取材をはじめたときに気になっていたことの一つが、失礼ながら皆さん、どうやって生計を立てているんだろう？　ということ。素人目に見ても効率がよさそうには見えない「手作り」で食べていくことは果たして可能なんだろうかというのは、多分これを読んでいる人の多くも気になるところじゃないかと思う。

取材を通じての結論から言えば「できないわけではない」。それぞれの懐事情を細かくお聞きしたわけではないのだけれど、手仕事だけで家族とともに暮らすための収入を得ている人も、もちろんいる。ただし、当たり前だけれど「誰にでもできるわけではない」し、多分それだけの収入を得るのは、外から見て想像している以上に大変なんだろうなあ、というのが率直な印象だ。

また、生計を立てるためには、手作り市などで目にするオリジナル作品だけではなく、いっさい名前の出ない下請けなどの仕事も受けている人がほとんど。平日はほとんどずっと制作で家に籠もっている、という話もよく聞いたし、土日は市やイベントへの出店などもあって、会社勤めのようにきっちり休みが取れるというわけでもなさそうだ。もちろん、他に本業があるという人、収入面ではパートナーの支えがあるという人もいるけれど、それはそれで、金銭的な面はモチベーションにはあまりつながらないわけで……。いずれにせよ、「作ることに対する執念や情熱」（ふたば工房・井筒さんの言葉）がなければ絶対に続かない、といえそうだ。

誰かが楽しんで作ったものを、
それをまた形を変えて誰かが楽しんで着て、
さらにそれを誰かが見て「素敵だなあ」って楽しむ…

銘仙リフォーム
QuiMeisen
岩原由佳さん
古後利佳さん

――「この間入ってきたハートのもかわいいんだよね」「あ、あれもいいよね、あのピンクのやつ」「これこれ！　この花柄が素敵」――地下にある倉庫兼アトリエに足を踏み入れたら、小さなスペースはあっというまに、ＱｕｉＭｅｉｓｅｎ《キメイセン》のふたりの華やいだ声でいっぱいになった。

同時に、あちこちの棚から、色鮮やかなとりどりの布が引っ張り出されてくる。水彩画のように花が描かれたもの、縞や水玉、矢羽根や麻の葉などのモチーフを自由に組み合わせたもの、何の柄なのかもよくわからない、抽象的なデザインのもの…。「これとこれを組み合わせてもかわいいと思うんだよね」「これはワンピース向きかな」…布を見比べてのおしゃべりは止まらない。

ぎっしりと棚を埋め尽くした何十巻もの布はすべて、明治から昭和にかけて、日本の女性の普段着に欠かせない存在だった絹織物「銘仙」。鮮やかな色合いと大胆なデザインが特徴のこのアンティークの布を使って、ワンピースやスカートなどの洋服や雑貨を製作しているのが、岩原由佳さんと古後《こご》利佳さんのユニット、「ＱｕｉＭｅｉｓｅｎ」だ。

岩原　初めて銘仙というものを意識したのは今から8年前、昭和の初めの生まれだった私の母が亡くなったときです。遺品整理をしてたら着物がたくさん出てきて、その中に何枚も銘仙があっ

たんですね。白地に水玉のとか、どれもすごくかわいいの。寸法も合わないし自分で着るという感じではなかったんだけど、処分する気にはなれなくて取ってあったんですよ。

当時、自宅で司法書士事務所を構える夫を手伝う主婦だった岩原さん。夫が茶道を趣味にしていたこともあって、着物にはそれなりに親しみはあったけれど、自分で着るのはもっぱら紬などのシックなもの。銘仙をまじまじと見たのは、それが初めてのことだった。

岩原　光沢があってね、色が鮮やかで、きれいで……。あと、同じ着物の生地でも縮とかと違って張りがあるから、お裁縫もしやすいなあ、と思ったんです。もともとお裁縫はわりと好きで、子どもが小さいときは幼稚園バッグとかを自分で作ったりもしていたので。

ちょうどそんなときに、たまたま「手作り日傘」の作り方を何かの本で見たんです。「へえ、日傘って自分で作れるんだ」と思って、その母の形見の銘仙生地で作ってみたら、そんなに難しくないしけっこううまくできた。それもあって、インターネットとか、あと旅先で見かけた古着屋なんかで、少しずつ銘仙の生地を探して仕入れるようになったんです。日傘をさらに何本か作ったあとは、それ以上何か作るっていうあてがあるわけじゃなかったんですけど、ただ「きれいだなあ」というだけで……。

それだけなら、岩原さんの「コレクション」は、自宅に眠ったままになっていたかもしれない。それをそのままにしておかなかったのが、かつて岩原さんの「幼稚園ママ」仲間だった古後さんである。子どもが大きくなった後も親しく付き合いを続け、ちょうど少し前に、夫の転勤で9年暮らした大阪から関東に戻ってきたところだった。

古後　岩原さんが作った日傘をね、プレゼントしてもらったんですよ。「わー、きれいだねー」とか言ってたんですけど、話を聞いたら、実はほかにもたくさん生地が買いためてあって、っていうじゃないですか。見せてもらったら、その時点でたぶんすでに１００着くらいはあったんですよ。たしかにきれいだけど、でもどうするのこれ？　と（笑）。

古後さんも、銘仙というものを知ったのはそれが初めて。「でも、とにかくすっごいかわいくて、何これ？と思った」という。これをこのまま眠らせておくのはもったいないと、銘仙を仕立て直した洋服づくりをはじめることになった。

岩原　でも、２人ともちゃんと洋裁を習ったことがあるわけじゃないし、あんまり難しいものはできません。最初に作ったのは、布をミシンでまっすぐ縫い合わせて、身体に巻き付けて紐で結ぶだけっていう、ものすごく単純な巻きスカートでした。

古後　私は主に柄合わせを考えるほうに回ったんですけど、これがすごく面白かった！　この布とこの布を組み合わせたらこんな雰囲気になるんだとか、こっちはどうだろうとか、考えはじめたら止まらなくなって。あ、縫うほうですか？　ビーズ刺繍とかアクセサリーづくりとかは好きなんですけど、なぜかミシンは触ると壊しちゃうんです（笑）。岩原さんにも、もうやらなくていいから、って言ってもらいました。

　で、当時私は、出版社でアルバイトをしていたんですけど、できたスカートをそこにはいていったら、他のアルバイトの女の子たちが「それ欲しい！」って食いついてきて（笑）。それで、作っては売り、作っては売りの受注生産みたいなことになっちゃったんです。岩原さんから預かってほどいた着物生地を、帰りに届けに行こうと思って会社に持って行ったら、すかさずそれを見て「そ

ギリシャ風？　のハープを持つ女性の絵。モダンなようなレトロなような、こんな不思議な柄に出会えるのも銘仙の面白さ

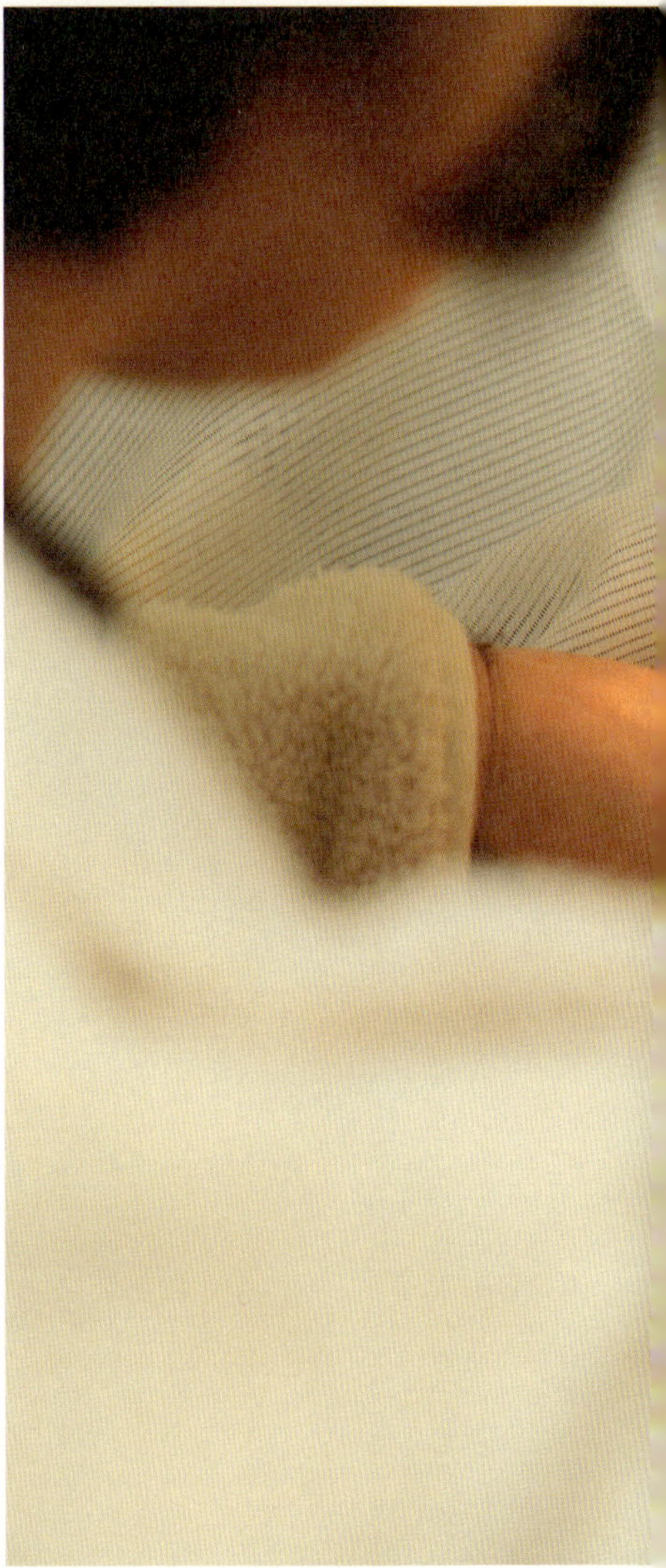

の柄わたし欲しいです！」って注文する子がいたり。あのころ、私と一緒に働いていた人たちは、みんな1枚は私たちの作ったスカートを持ってるんじゃないかなあ（笑）。

岩原さんが仕入れと縫製を担当し、古後さんは柄合わせやデザインの提案とともに、そうした営業的な雑事も引き受ける。「受注生産」を通じて、そんな分業体制が定着していった。同時に、身内だけではなくてもっと外の人たちに見てもらいたい、買ってもらいたいという気持ちが、2人の間で大きくなっていく。

古後　だって、そうしている間にも岩原さんはどんどん布を買い込んで、倉庫の在庫がみるみる増えていくし（笑）。他人の家ながら、これどうするんだ、作って売らなきゃ、と思ったんですよね。

　最初はインターネットで売ろうかと思ったんですけど、あいにく2人ともパソコンは苦手で。それで、知人から話を聞いた手作り市に出店してみることにしたんです。

岩原　それまで、かわいい柄だからというので、なんとなく若い女の子を念頭に置いて作ってたんだけど、手作り市では意外に年配のお客さんに好評でしたね。「母がこういう柄の着物を着てたわ、なつかしい」と言う人が多かった。

何度か出店を続けるうちに、毎回覗きに来てくれるファンもつき、ＱｕｉＭｅｉｓｅｎとしての活動は、少しずつ軌道に乗りはじめる。それとともに、チュニックやワンピース、ストールなど作品の種類も増やし、定番となったスカートも、裏地をつけたりラインをふんわりさせたりと、工夫を重ねて「進化」させてきた。それでも、「ＱｕｉＭｅｉｓｅｎの服の魅力は、やっぱり服そのもののデザインよりも柄だと思う」と2人は口を揃える。

岩原　デザイン自体は、今も本当にシンプルなものしか作ってませんから。やっぱり何がいいと思ってもらえてるかというと、銘仙の生地そのものだと思うんですよ。

古後　それって、私の仕入れがいいのよ！　ってことだよね（笑）。

岩原　はい（笑）。最近は、当時に流行した柄を使った「復刻版」の銘仙なんてものも出てきていて、一度仕入れてみたこともあるんですけど、やっぱり違うんですよ。色合いとか、かすれ具合とかが、昔のもののほうがはるかにいいし、真似できないところがある。

銘仙って、主に作られていたのは明治から昭和にかけてですけど、初期の、明治時代くらいのものはくず繭を使っていたのか、生地も節立っていて質がよくない。よそいきじゃない、普段着ですからね。柄も、絣みたいな地味なものばかりです。それが大正時代になると、もっと上質の糸で織られるようになって、同時に美大生とかが手がけた、大胆なデザインのものが出てくるようになる。それが面白いと人気を集めて、大ブレイクすることになるんですけど……中には、当時のヤンキーみたいな人が着たんじゃないかと思うような（笑）すごい柄のものもある。でも、畳んで置いてある状態で見たら「ええっ」という感じのものでも、羽織ってみたり、洋服にして着てみたりすると、案外違和感がなかったりするんですよね。

古後　銘仙を見てると、昔の人がすごく楽しんで作ったものだなあ、という気がします。例えば、ぱっと見ると抽象柄みたいなんだけど、よーく見るとすごいデフォルメされたバラの絵だったり、柄のあちこちに蝶々が隠れていたり。作った人も楽しんだだろうし、着た人も楽しかっただろうなあ、と思うんですよね。

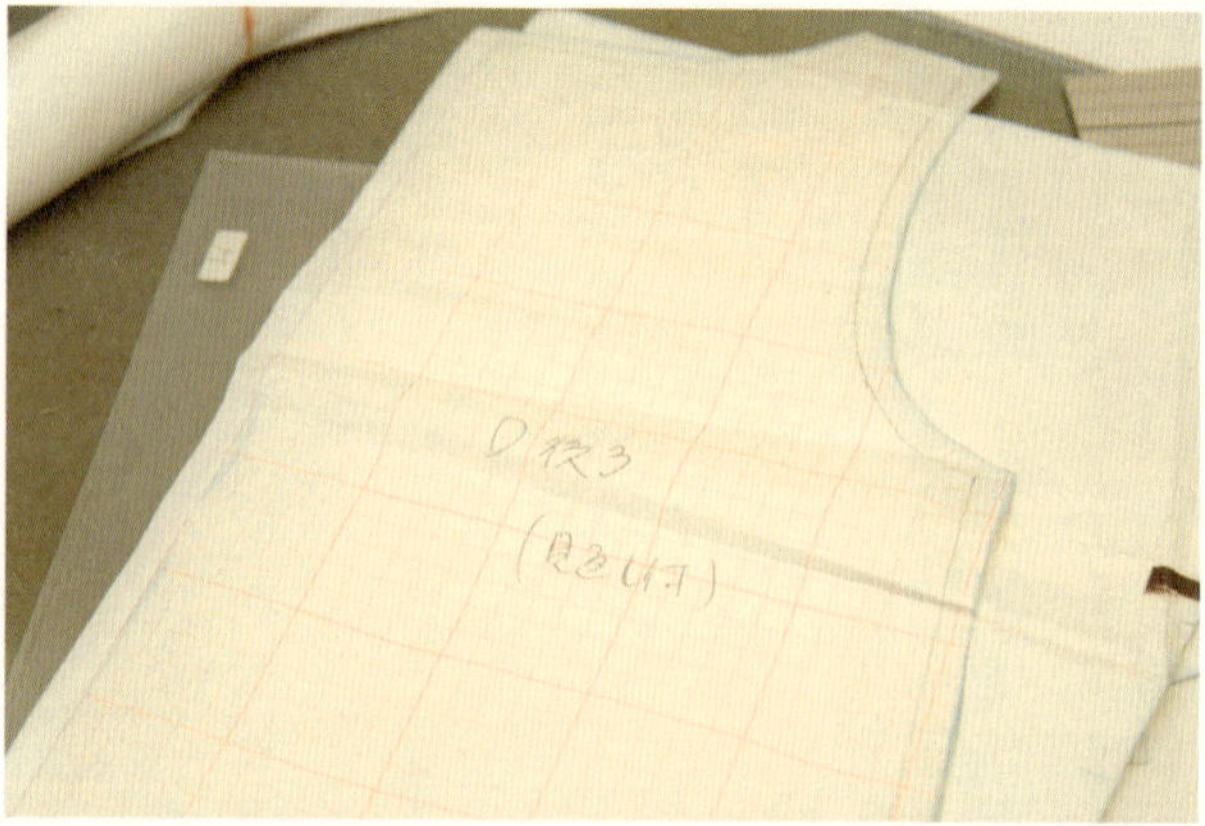

Qui Meisen のスタートにつながった日傘は、今も時々販売している。母の日のプレゼントなどにも人気

ほどいた布を並べて次の作品の組み合わせを考える、至福の時間

「ＱｕｉＭｅｉｓｅｎ」ってブランド名は私が付けたんですけど、Ｑｕｉってフランス語で「誰」という意味なんですね。誰かが楽しんで作ったものを、誰かが楽しく着て、それをまた形を変えて誰かが楽しんで着て、さらにそれを誰かが見て「素敵だなあ」って楽しむ……。そういうふうになればいいなあ、という意味を込めてるんです。

岩原　ただ、やっぱり私たちが「いいなあ」と思う柄は、最初に着ていた人も気に入ってさんざん着たんでしょうね。生地が弱くなっちゃっててリメイクには使いにくいものが多くて……そこが悩みどころなんですけどね。

　ちなみに、どんなに大胆な、びっくりするような柄であっても、「それが似合う人はこの世に必ず存在する」のだそう。

古後　すごい不思議なんですけどね。今日売れ残ったとしても翌月、翌々月にはそれが似合う人がちゃんと来るんですよ（笑）。

　私も、ずっとお客さんを見てるうちに、「この人には絶対これだ！」っていうのが分かるようになりましたね。ただ、その人がそれが好きかどうかというのはまた別なんですけど（笑）。それでも最後、「これとこれとどっちにしよう」って迷ってるときに「あなたはこっちよ！」って言うと、だいたいそっちを買っていかれます。

　かと思えば、初めて来てくれたお客さんなのに、ある1着目がけて走ってきて、即座に「買います！」なんて人もいたり……。ほんとに、出会いなんですよね。

岩原　リピーターさんも多いので、前回買ったものを着て見せに来てくれる人がいて、それがまた見事に似合ってたりするんですよ。そんなときは、娘がちゃんと行くべきところにお嫁に行って、嫁入り先でもかわいがられてるのを見たような気持ちになって、すごく嬉しいです。

QuiMeisenの服は、素材は絹ではあるけれど、かつての銘仙がそうだったように「よそいき」ではなく普段着として、気軽に着てもらえるものでありたい。その点でも、2人の意見は一致している。

岩原　特に、やっぱり若い人に「着物」ってあんまり意識せずに、気軽に着てもらいたいという思いがあります。だから、値段もあんまり高くしたくないんですよ。作品を置いてもらっているギャラリーの方には、もうちょっと高くしたほうがいいですよって言われたことがあるんですけど（笑）。

古後　でも、若い人が気軽に手を出せるようにと考えると、やっぱり5桁の値段はなかなか付けられない。ほんとに、手間とかは度外視してますね。まあ、商売としてやっているわけじゃないからできるんですけど……。

　銘仙という生地は本当に素敵だと思うんですけど、一方でそこに変な「こだわり」がないのがQuiMeisenの魅力だとも思っているんですね。着物をリフォームした服ってたくさん作られているけど、どうも「これは大島で」「この帯はどこそこのもので」みたいなこだわりが先に立ってるものが多いような気がして。

　そうじゃなくて、ほんとに普通の、ほかの服と何も変わらない服として着てほしいですね。上にTシャツ1枚、セーター1枚着ただけで「ほら、かわいい！」。うん、私たちにこだわりがあるとしたら、多分それは「かわいい」。ほんとに、それだけなんですよね。

Qui Meisen

ホームページ（通販なし）

http://ameblo.jp/quimeisen/

Qui Meisenの洋服と出会える場所

埼玉県秩父市の雑貨店、ツグミ工芸舎・百果店ひぐらしストア http://tugumi-craft.jp/ で取り扱いあり。

その他、雑司ヶ谷手創り市を中心に、手作り市などのイベントに出店。

岩原由佳　いわはら・ゆか（右）

1960年秋田県生まれ。大学卒業後、公務員として働いた後に退職、司法書士の夫の仕事をサポートしつつ育児にいそしむ。

古後利佳　こご・りか（左）

1958年茨城件生まれ。薬品メーカー、セミナー会社勤務の後、結婚・出産を経て専業主婦生活に。現在は、輸入紅茶のインターネット販売などにもかかわる。

苔玉・ミニ盆栽
緑庵
幸加木菊恵さん

「元気に育ってます」という
「その後」の様子をお客さんから聞けるのが、
他の作品にはない作り手としての楽しみ

ここ数年、若い女性を中心に人気を呼んでいる「苔玉」。黒松や山もみじ、南天、テーブルヤシにワイヤープランツ……さまざまな植物の根っこを土で包んで球状にし、その表面に苔を貼り付けて固定した盆栽の一種だ。丸っこい形とふかふかした苔の緑色がなんとも愛らしく、最近では園芸店だけではなく雑貨店などでもよく見かけるようになった。

　でも時々、店員さんが全然世話をしてないのか、苔が真っ茶色の枯れ枯れになっちゃってるやつとか、ありますよね。なんだかもう、見ててかわいそうになっちゃって。

そう苦笑いを浮かべる幸加木《こうかき》菊恵さんは、ミニ盆栽と苔玉のお店「緑庵《みどりあん》」の店長。自宅マンションの庭で育てた盆栽や苔玉をネットショップで販売するとともに、手作り市などのマーケットにも出店している。

実家は鹿児島県の種子島。父親は自宅で造園業を営んでいた——と聞けば、「ああ、だからこの道に」と納得してしまいそうだけれど、実は数年前までの幸加木さんの職業は、フリーのイベントプロデューサー。植物は好きだったけれど、当時は世話の簡単な観葉植物を育てるのもやっと、という多忙な日々だった。

　島から東京に出てきたのは、高校を卒業してからです。芝居の演出家になりたくて劇団に入ったり、写真の専門学校に行ったりいろいろやったんですけど、なかなかうまくいかなくて……結局、たまたま企業イベントのキャンペーンガールのアルバイトをしたのをきっかけに、イベントにかかわる仕事をしたいなと思って、広告代理店に就職しました。まだ20代の前半でしたね。

よく、都心でも渋谷の１０９の前なんかでやってますよね、新製品の発売キャンペーンとか。ああいうイベントを企画して、クライアントとやりとりして、演出を考えて、当日うまくいくように手配するという、言ってみれば裏方仕事です。演出家になりたかったのも、何かを「企画して演出する」ことがしたかったわけなので、その意味では重なるところもあったし、プロデューサーとして全体を一つにまとめていく責任感みたいなところもやりがいにつながっていて。仕事は嫌いじゃなかった。うん、好きだったと思います。

ただ、なぜか「楽しい」とは1回も思わなかったですねえ……。今思えば、仕事なんだから、楽しいなんて感じなくて当然だと考えてた気がします。

数年で代理店からプロダクションに転職し、さらにそこから独立してフリーに。ただ、働く形態は変わっても、「休みもない、寝る時間もない」忙しさは変わらなかった。

なんとか休みを作って海外旅行に出ても、そこにまたクライアントからの電話がかかってくるような状態（笑）。よく「テッペン打ち合わせ」っていう言葉を使ってたんですけど、分かりますか？　時計の針がテッペン、つまり12時から打ち合わせするよ、っていうことなんですけど、お昼じゃなくて深夜の12時なんですよ。それが当たり前で誰も疑問に思ってない、という世界でしたから。過労死した人の話なんかも周囲でたくさん聞きました。

充実感はありつつも、あまりのハードスケジュールに「もういやだ」と叫び出したくなることもたびたび、という日々。そんな生活に一度区切りをつけようと、フリーになって2年目、幸加木さんは1年間のワーキングホリデービザを取得し、オーストラリアへと旅立つ。イベント業界で働きだしてほぼ10年、その時点では「もちろん1年経ったら戻るつもり」で、クライアントからも「待ってますから戻ってきてくださいね」という言葉をかけてもらっていたという。けれど、結果的にはそこでの体験が、幸加木さんの生き方を大きく変えることになった。

苔玉に使う苔は、専門店から購入。試行錯誤の末、使っているのは「ハイゴケ」という種類

植物の根っこを土でくるんだら、周りに苔を貼り付け、透明な糸で固定していく

現地では、語学学校に通いながら、アジア系のスーパーマーケットでアルバイトをしてました。なぜかマッサージ店が併設されていて、スーパーの品出しとかレジ打ちもやりながら、トレーニングを受けてオイルマッサージもやるという、不思議な状況だったんですけど（笑）。

そうしたら、周りのオーストラリア人従業員の働き方がみんな、なんていうか私がそれまで見ていたのとは全然違ったんですね。サボったり、一生懸命やってないというのではないんだけど、休みは当たり前のようにきっちり取るし、何より気持ち的にも仕事だけに縛られてないというか、すごく余裕がある。もちろん、みんながみんなそうじゃないだろうし、日本にもそういう人はいたんだと思うんですけど、私にとってはカルチャーショックだったんです。日本人の――というか、今まで自分がやってきたような働き方って、なんか変じゃない？　って、漠然とだけど思いましたね。

さらに、もう一つの大きな変化は、「新しいことをはじめるのに不安がなくなった」ことだったという。

多分、それまでいくらつらくてもイベント業界を離れようと思わなかったのは、また「初心者」に戻るのが怖かったからだと思うんです。同じ業界にいれば、一応積み重ねてきたキャリアがあって、「こういうことできます」って胸を張って言えて、何を言われてもある程度の対応はできる。でも、何か新しい分野に飛び込んだら、そういうことが全部役に立たなくなるじゃないですか。それがすごく怖かった。

でも、オーストラリアで通いはじめた語学学校では、私よりずっと若い、休学して来てるような学生の子たちと一緒に、まったくゼロからのスタートだったわけです。誰も私を肩書きで見ないし、広告業界で積み重ねてきたキャリアなんて何の意味も持たない。しかも、３ヵ月もしたら、学生たちのほうが私よりずっと流暢に英語を話してたりもする（笑）。そういう中にいたら、全部捨てて新しいことをはじめても、なんだか大丈夫だな、やっていけるな、と思えてきたんですよね。

まあ、正直なところオーストラリアに着いたばかりのときは、そういう若い子たちがすごく甘く見えたりもしたし、たぶん周囲から見たら、私すごくピリピリしてて嫌な奴だっただろうなあとも思うんですけど（笑）。


帰国したら、新しいスタートを切って、もう少し「人間らしい生活」がしたい。オーストラリアでゆったりとした日々を過ごすうち、そんな気持ちが徐々に強くなっていった。


なんだかもう、あんまり都会に住むのも嫌だなとか、故郷の種子島みたいな島に暮らすのも楽しそうだなとか、いろいろ考えちゃって。それで、ネットショップならどこに住んでてもできるんじゃないかな、と思いついたのが「緑庵」のはじまりですね。

それで、じゃあ何を売ろう？　と考えたときに、自然と頭に浮かんできたのが「植物」だった。

忙しすぎてすっかり遠ざかっていたけど、父親の影響もあって、植物って小さいころからすごく身近な存在だったんですよ。山歩きとかも大好きだったし、鉢植えを育てたりもよくしていて……。それで、オーストラリアで自然に囲まれて生活しているうちに、人にはやっぱり緑を身近に置くことが必要なんじゃないかな、そういうことに携わりたいな、という気持ちが改めて生まれてきたんですね。

どうして苔玉やミニ盆栽だったのかは……単に私が好きだからでしょうか。父親が手がけていたのは純日本庭園でしたし、私も昔から、イングリッシュガーデンよりは和風のものに惹かれるんですよね。それになぜか私、小さいときから苔がすごく好きで、父親が庭で仕事用に育てていた苔を、一生懸命写真に撮ったりしてたんです。実家にはそのときの写真がまだ残ってますから。

作品を育てる「仕事場」でもある自宅マンションの庭。家さがしのときも「日当たりのいい庭があること」が条件だった

帰国後、クライアントの要望もあってしばらくはイベントプロデュースの仕事も続けたが、半年ほどで「やっぱり、やりたいことをやろう」と決意。結婚したばかりの夫の応援もあって、以前の仕事からは完全に身を引き、ネットショップ開店の準備をはじめた。

ずいぶん前に、一度だけ苔玉教室に行ったことはあったものの、本格的に制作するのはほぼ初めて。関連する書物を読みあさり、父親にも電話で相談しながら、自宅で試作を続けた。

父親には、「造園と盆栽は違うから分からん」って言われましたけどね（笑）。でも、植物の育て方についてはいろいろとアドバイスをもらいました。

あと、盆栽や苔玉って結局、重要なのは「どうできあがりの姿をイメージするか」だと思うんですね。もちろん、そのイメージを実際に再現するためには技術が必要なんだけど、そもそもイメージが描けないと形にできないから。その意味では、お芝居やイベントの演出にもつながるところがあるような気がしているんですよ。ベテランの盆栽職人さんとかには「そんなもんじゃない」と言われるかもしれないけど（笑）。

最初はネットショップだけのつもりだったんですが、やっぱりまだまだ「植物をインターネットで買う」のには抵抗のある人も多いようで……友人にすすめられて手作りのマーケットに出店してみたら、まだ植物を売ってる人が少なかったこともあって、嬉しいことに完売。もちろん、毎回そんなわけにはいきませんが、お客さんの反応が見えるのも楽しくて、今もネットショップと二本立てで続けています。

苔玉もミニ盆栽も、心がけているのは「買ってくれた人のところに行ってからも、なるべく長く楽しんでもらえるように」ということ。植物の種類にあわせて土の配合や肥料を変えるのはもちろん、販売するときには世話の仕方を細かく書いた「管理説明書」を一緒に添えるようにしている。水やりの頻度や日当たりについてなど、それぞれの植物によって内容を変えたオリジナルだ。

普通のモノだったら、買ってもらってその先、基本的には変化することはないじゃないですか。せいぜい、古びて味が出るとか最終的に割れて壊れちゃうとかくらいですよね。でも、植物は買ってくれた人の手元に渡ってからも、どんどん成長して、変化していくでしょう？「花が咲きました」とか「元気に育ってます」という「その後」の様子をお客さんから聞けるのが、他の作品にはない作り手としての楽しみなんじゃないかと思います。

この間も、あじさいの苔玉をプレゼントした友人が、「今日は花が咲いたかな、もう咲いたかなって、毎日ウキウキしながら家に帰ってる」と言ってくれたんですよ。私が作った苔玉やミニ盆栽が、そんなふうにあちこちでちょっとした「楽しい瞬間」を作っているのかもしれないと思うと、嬉しくなりますよね。「苔玉教室を開いてほしい」という要望もたくさんいただいているので、いつかはネットショップだけではなくて実店舗も開いて、「育てる」「作る」楽しさを、もっとたくさんの人に伝えるコミュニケーションの場も作っていければいいな、と思っています。

今は、ちゃんと仕事が楽しいと思えます。生き物相手の仕事なので、なかなか好きな旅行にも出られないのが悩みですけどね。水やりや、夏は遮光したりの世話があるので、あんまり家を空けられないんですよ。普段も、日の出とともに起きて日の入りとともに寝るみたいな、とっても規則正しい生活です。たまに飲みに行っても、次の日はちゃんと朝早く起きますね。

ちなみに、種子島の父親からはたまに「こんな道具があるけど、使うか？」などと連絡が来るのだそう。

ずっとパソコンと向かい合うような仕事をしていた娘が、急にこんな仕事を始めたので、「大丈夫か？」と心配してるみたいですね。正直なところ、父親の仕事が今の私にすごくプラスになっているかといえばそんなことはないし（笑）、何か質問しても「分からん」と言われることのほうが多いんですけど……でも、私がいろいろ、自分の仕事に関連することを聞いてきたりするのは、やっぱり嬉しいんじゃないかなあ。うん、思わぬところで親子のコミュニケーションが生まれてますね。

緑庵

ホームページ（通販あり）
http://www.midorian.com/

幸加木さんの「苔玉」に出会える場所

委託販売などは今のところなし。雑司ヶ谷手創り市をはじめ、東京近郊の手作り市などのマーケット、イベントに出店。苔玉作りのワークショップも開催している。

幸加木菊恵　こうかき・きくえ

1979年鹿児島県生まれ。高校卒業後に上京し、広告代理店勤務、フリーのイベントプロデューサーなどを経て、2011年にオーストラリア留学。帰国後、2013年にネットショップ「緑庵」をオープン。グリーンアドバイザーの資格も持つ。

せわしない毎日の中で、例えば10分間だけでも、
ただ蝋燭の火を見つめるような時間が
あってもいいんじゃないかと

和蠟燭
Haze
寺澤勇樹さん
戸田佳佑さん
山口栄美さん

キャンドルを家でともして楽しむのはだいぶ一般的になってきた昨今でも、「和蝋燭」といってすぐに分かる人は、そんなに多くないのではないだろうか。櫨《はぜ》という植物の実から搾り取った蝋を原料とする、日本の伝統的な蝋燭。洋蝋燭（いわゆるキャンドル）に比べて作るのに手間もコストもかかることから、最近ではあまり使われなくなった。

土産物屋などには時々、華やかな絵付けがされた和蝋燭が並んでいるけれど、その大半は溶かした蝋を型枠に流し込んで固める「型流し」という手法で作られたもの。芯に蝋を少しずつ塗り重ねていく伝統的な「手掛け」の手法で和蝋燭を製造する職人は全国でも数えるほど。お店などでもめったに見かけることはない。

その「手掛け」による昔ながらの和蝋燭を守り伝えようと、自ら製造・販売を続けているのが「Ｈａｚｅ（ヘイズ）」。戸田佳佑さん、寺澤勇樹さん、山口栄美さん——いずれも30代前半の、男女３人によるユニットである。

寺澤　僕と戸田さんは、もともと同じ会社の先輩後輩で。あるとき、夏休みに関西の実家に帰っていた戸田さんが、土産に和蝋燭を買ってきてくれたのがはじまりなんです。今から1年半くらい前ですね。

ぱっと見ただけで、それまで僕が知っていた「蝋燭」とは全然違うんですよ。普通の蝋燭は表面もつるっとしていて、工業製品という感じですけど、戸田さんのくれた和蝋燭は、いかにも手作りという、作った人の手の跡も分かるようなもので……。なんだろうこれは、と思いました。

美大を卒業後、農業や福祉関係などの仕事に就きながら、絵を描いたりジュエリーのデザインをしたりと、さまざまな創作活動を続けていた寺澤さん。映像制作スクールを経て、２０１０年に都内のイベント制作会社に入社、数年早くその会社で働きはじめていた戸田さんと知り合った。

その戸田さんは、何気なく買って帰った土産を不思議そうに眺める寺田さんの反応に、「すごい衝撃を受けました」と振り返る。

戸田　僕自身は奈良で生まれ育ったんですけど、母方の祖父が滋賀の人間なんですね。小さいころから、お正月とか夏休みにはいつも滋賀に遊びに行って琵琶湖で泳いだりしていたんです。祖父が亡くなった後も、よくお墓参りに行っていて。そのたびに、和蝋燭の店に寄って蠟燭を買って帰るのがお決まりのコースだったんです。

だから、家にはいつも当たり前みたいに和蝋燭があったし、母がいつも仏壇に供えているのももちろん和蝋燭でした。どこの家もみんなそうだと思ってたし、何からできているどういうものかも、みんな当然知ってると思ってたんですよね。和蝋燭を知らない人がこの世にいるなんて、考えたこともなかったんです。

実際には「みんな知っている」どころか、寺澤さんにとっては生まれて初めての和蝋燭との邂逅。家に持ち帰り、しばらくためつすがめつ眺めた後、そっと火をともしてみた。

和蝋燭の炎は、洋蝋燭の炎とは違い、風がなくてもゆらゆらと揺れ、大きさを変える。その様子をじっと見つめているうち、「なんていうか、救われたような気持ちになったんです」と寺澤さんは言う。

寺澤　たぶん、前の年に東日本大震災が起こっていたこととも関係があったと思います。あの大災害を経て、僕の中にも何か自分にできることはないだろうかという思いが芽生えていて――だけど、そのときの会社での仕事は企業イベントなどに使う映像制作で、どうしても自分の中の「やりたいこと」「なすべきこと」とは重ならなかった。

創作活動の面でも、何かを作りたいと思う一方で「ものが溢れている今の世の中に、これ以上

櫨の実から作られる蝋の塊。
右が「生蝋」、左は天日干しして白くした「白蝋」

Hazeの和蠟燭は
流し型を使わず、
鍋で熱して溶かし
た蝋を蝋芯に塗り
付けていく

必要なものなんてあるんだろうか」という気持ちが生まれてきたりもして、うまく自分の思いを表現できる手段はなかなか見つからないでいました。著名な芸術家もチャリティーとかいろいろな活動をしていたけれど、「これだ」と共感できるようなものには出会えなかった。

そんなふうに「何かしたい」という気持ちだけが置いてけぼりになっていたところに、和蝋燭が飛び込んできたという感じだったのかもしれません。これは今の世の中に絶対に必要な灯りなんじゃないか、自分で和蝋燭を作ることができれば、僕のこの気持ちを表現できるんじゃないか、という気がしたんです。

その思いが確信に変わったのは、ある日また自宅で和蝋燭をともして、火を見つめていたとき。ふとその中に、観音様の姿が見えたんです。最初は炎の中にじっと座っていて、それから立ち上がって消えていった――。「自分の感覚を信じていいんじゃないかな」という気持ちが自然とわきおこってきたのは、そのときでした。

そんな話を寺澤さんから聞くうちに、和蝋燭を「あって当たり前のもの」としか思っていなかった戸田さんの心にも、少しずつ変化が芽生えはじめる。戸田さん自身も、今の自分の仕事がどう社会とつながっているのかを見出せず、迷っていた時期だった。

戸田　ちょうど、自分の中でいろんな価値観が大きく変わったタイミングだったと思います。ひたすら仕事に追われて、でも自分の作った映像がどう社会に役立っているのかもよく分からない、そういう生活のあり方を、何か少し違うものにしたいと思いはじめたときだったというか……。

あとは、僕の場合もやっぱり東日本大震災の後だったということが大きかったと思います。それまで、特に気にも止めていなかった和蝋燭の炎が、ある瞬間にふと「生命そのもの」に見えた。こういうものを自分でも作って、世の中に発信していくことがもしできるなら、そういう方向に進んでいきたいなという思いが大きくなっていったんです。

インターネットなどで調べるうち、和蝋燭産業が衰退の一途にあり、製造する職人がどんどん減っているという事実を知ったことも、2人の思いに拍車をかけた。日本での和蝋燭づくりの歴史は、室町時代ごろまでさかのぼる。それだけの長い伝統があるものを、自分たちが生きているこの時代になくしてしまいたくない。それなら、自分たちが新たに作り手になればいいのではないか――。

寺澤　今、和蝋燭の工房は全国に10数件しかないので、そこに連絡を取って、修業をさせてもらえないかとお願いもしてみたんですけど、すべて断られてしまって。余裕がないとか、あと僕たちの親世代の職人さんには何人も、もう自分の代で終わりにするつもりだから、と言われました。

でも、そういう状況を知れば知るほど、自分たちにできないだろうかという思いは強くなっていって。インターネットのユーチューブに上がっていた動画を見たり、デパートの実演販売を見に行ったりして、見よう見まねで制作をはじめました。

戸田　蝋や芯などの材料はインターネットで買えましたし。それに、僕が小さいころ立ち寄っていた滋賀の和蝋燭屋さんにも実演販売のコーナーがあって、行くたびによく作り方を見ていたんです。もっとも、当時の僕はあまり興味がなくて、むしろ弟のほうがガラスに張り付いて熱心に見ていたんですけどね（笑）。

寺澤　最初は、これでいいのかなという不安もあったんですけど、たまたま、ある和蝋燭の老舗のご主人――30代半ばの、僕らより少し上の年代の方なんですけど――に、僕らの作った和蝋燭を見てもらう機会があって。そしたら「大丈夫、君たちはこのままやっていけばいいよ」と言ってい

ただけたんですね。その言葉で迷いが吹っ切れて、独学のままやっていこう、と腹が決まりました。

その年の秋には、Ｈａｚｅの屋号で本格的に活動を開始。会社の休みを利用して、和蝋燭の研究と制作に取り組みはじめた。

同時に、少しずつ販売もはじめると、名刺やショップカード、蝋燭を入れる箱など、さまざまな「グッズ」が必要になってきた。そのデザインを誰かに頼みたいと考えたときに、寺澤さんの頭に思い浮かんだのが美大入学前に通っていた予備校時代の友人、山口さん。広告やアパレルの会社で働いた後、当時はフリーのデザイナー兼イラストレーターとして活動しはじめたばかりだった。

山口　予備校時代の仲間とは、それぞれが大学や専門学校に入ったあとも、年に1回くらいは集まる機会があって。寺澤さんともそこで会ったときに、「今度こういうことをはじめるんだ」って、Ｈａｚｅの話を聞いていたんですよ。

　私は京都の出身なんですけど、やっぱり和蝋燭のことは全然知らなくて、せいぜい土産物屋で売ってる、カラフルな絵付けをした蝋燭を見たことがあるくらいでした。ただ、和蝋燭そのものというよりも、寺澤さんが話してくれた「職人さんがいなくなってて産業としても衰退してるんだけど、それを自分たちでなんとかしたいんだ」という話のほうに惹かれて。「私にできることがあったらやるよ」という話をしていたんです。

寺澤　それで頼んでみたら、名刺も箱もいいデザインのものが次々できあがってくるもんだから、じゃあもう全部山口さんに頼もうと（笑）。デザインだけじゃなくて、どういう店に置いてもらうのがいいかとか、ブランディング的な部分もお願いするようになりました。

戸田　ただ、仕事というほどきちんとお礼ができるわけじゃないし、ずっとこういう形が続くのも失礼かなと思いはじめていたときに、3人でじっくり話をする機会があって。和蠟燭の文化を残していきたい、広げたいっていう僕らのビジョンを山口さんも共有してくれてるなと実感できたので、「じゃあもう、ちゃんとメンバーとして一緒にやろうよ」という話になりました。

山口　自分としては、その前と後でもそんなに気持ち的な変化はなかったんですけど。Ｈａｚｅの名前が入った名刺を初めて作ったくらいかなあ。

　そして昨春には、寺澤さんが会社を退職し、「和蝋燭一本」の生活をスタートさせた。

寺澤　仕事をしながらだと、どうしても和蝋燭づくりや創作活動に十分に時間が取れなくて…仲間とグループ展をやっても、期日までに作品を仕上げられないというようなことが重なっていたので。もちろん収入的には下がりましたけど、迷いはなかったですね。住むところも今は戸田さんとシェアしているので、それほど家賃もかからないですし……。

　その「シェアしている」一軒家の2階、広々とした一室が現在のＨａｚｅの工房だ。といっても、知らずに訪れれば、そこが「工房」だとは誰も思わないかもしれない。中央の大きなテーブルにもその周辺にも、無造作に置かれたたくさんの土鍋。カセットコンロや雪平鍋、もち網にお玉…。これから鍋パーティか何かがはじまるの？　とでも思ってしまいそうな光景だ。「職人さんはもちろん、専用の道具を使ってるんだと思いますが、僕らはできる限り身の周りにあるもので道具を代用してるんです。ほとんどホームセンターとかで買ってきたものですよ」と、戸田さんが教えてくれた。

蝋燭づくりの最初の工程は、まず蝋を溶かすところから。蝋の大きな塊を入れた土鍋をカセットコンロの火にかけ、お玉で混ぜながら溶かしていく。

戸田　これも、職人さんは炭を使ってる方が多いみたいですけど……。ガスの場合は、直接鍋を置くと熱くなりすぎて煙が出てしまうので、間に焼き網をかませます。

寺澤　蝋は、櫨の実から搾って固めたままの、黄色っぽい「生蝋」と、それを天日干しして白くした「白蝋」の2種類があって、真っ白く仕上げたいときや、色つきの蝋燭にしたいときは白蝋を使います。普通の洋蝋燭は顔料などで色をつけるらしいんですけど、僕らは体に少しでも害のないものを作りたい。それで、食べて大丈夫なものなら燃やしても大丈夫だろう、ということで（笑）、食紅や野菜パウダー、抹茶パウダーなどを使うようになりました。これも、蝋を溶かすときに一緒に混ぜ入れます。

ちなみに、和蝋燭そのものに色をつけるのは、他ではほとんど見かけないＨａｚｅオリジナルの手法。お寺などでしばしば使われている真っ赤な和蝋燭は、できあがった蝋燭を赤い染料でコーティングしたものなのだそうだ。

蝋が完全に溶けたら、次の工程へ。持ちやすいように棒（これも、園芸用の支柱として売られているものだそう）に刺した芯の周囲に、少しずつ蝋を塗り重ねていく。芯は和紙を筒状にして、その周りにい草を巻き付けたものだが、これも製造している職人さんは、日本に数人しかいなくなっているという。

寺澤　一度蝋の中に芯をとっぷり浸けて薄くコーティングしたら、あとは左手で芯をくるくる回しながら、右手で蝋をすくって薄く塗りつけては乾かし、乾いたらまたその上に塗り重ねて……というのを繰り返していきます。仕上がりの断面がバームクーヘン状になるイメージですね。

和蝋燭づくりのワークショップ。参加者は若い世代が多い

戸田　蝋が溶ける温度は40度くらいなので、素手で触っても「あったかい」程度だし、塗ればすぐ乾くんですね。真夏の気温が高いときとかは乾きが悪くてやりづらいんですけど。
最終的には、太さが10ミリないし11ミリになるまで塗り重ねます。和蝋燭って、洋蝋燭と違って燃やしても蝋が垂れないんですけど、それは芯の周りに巻かれたい草が蝋を吸収しながら燃えていくからなんですね。なので、あまり太くするとい草が蝋を吸い込みきれなくなって、蝋が垂れてしまうんです。

気温にもよるが、塗り重ねるのにかかる時間は10分から20分。十分な太さになったら芯に刺した棒を抜き、熱したナイフの背を頭の部分に当てて、蝋に埋もれてしまった芯を出してやる。あとはお尻の側を規定の長さに切りそろえて、ようやく完成だ。
Ｈａｚｅでは、和蝋燭を販売するだけでなく、こうした一連の工程を体験してもらう和蝋燭づくりのワークショップもしばしば開催している。ひととおりの工程を終えたら、最後は和蝋燭に火をともし、参加者みんなでその炎を静かに見つめるのも恒例だ。

戸田　キャンドルが身近にある西洋と違って、日本には蝋燭の炎をゆっくり見つめるような文化はこれまであまりなかったと思うんですけど……僕も含めて、日本のサラリーマンって、朝早くから満員電車に揺られて夜遅くまで仕事して、ごはんもゆっくり食べる時間がなくて、みたいな感じで暮らしてる人が多いじゃないですか。そういうせわしない毎日の中で、例えば10分間だけでも、ただ蝋燭の火を見つめるような時間があってもいいんじゃないかと。1分間をちゃんと1分間として捉えられる、貴重な時間ですよね。和蝋燭そのものとともに、そういう楽しみ方、時間の使い方をもっと広げていけばいいなあと思っています。

これまで和蝋燭が使われるのはやっぱりお寺とかが多くて、職人さんも、そういうところに製品を納めるのが仕事の大半だったと思います。それはそれで大変な役割だし、それによって伝統が守られてきた部分もあると思うんですけど、僕らはもっと身近な、気軽に使える「キャンドル」としての和蝋燭を発信していきたいという思いがあるんですよね。

山口　私も、和蝋燭というものをどうやったらもっと「普通」なものとして、たくさんの人に手にとってもらえるかな、ということをいつも考えています。パッケージなどのデザインを考えるときも、まずは目を惹くもの、なんだろう、と手にとってもらえるものを、と意識していますね。

戸田　その意味では、Ｈａｚｅの和蝋燭が、雑貨屋さんやカフェ、化粧品店、手拭い屋さんと、すごく幅広い店に置いてもらえるようになったことはとても嬉しいです。和蝋燭が単なる「蝋燭」の枠を超えて広がっていっているというか。

ただ、これまでは自分たちでワークショップなどを企画するというよりも、持ち込まれた企画に対応するだけで手一杯のところもあったという。今後、それに加えて実施していきたいと思っているのが、小学生や中学生向けのワークショップだ。

戸田　和蝋燭の魅力とか、蝋燭の炎を眺める時間の豊かさとかを、子どものうちに知ってもらいたい。そして、大きくなったときに「そういえば、小学生のときに和蝋燭作ったなあ」っていう記憶をつないでいってくれれば、それによって和蝋燭を楽しむ人が増えるでしょう。そんなふうにして、文化というのは残っていくんだと思うので。

Haze

屋号の「Haze 」は英語で薄霧、 靄などを意味する。そこに蝋燭の原料の「櫨」の意味をかけた

寺澤　そこは大きいよね。戸田さんだって、「子どものときから和蝋燭が身近にある」環境で育ったからこそ、今の活動につながったわけだし。

あとは、もっと先――200年先、300年先につながっていけるような存在であることを目指したい。具体的には、自分たちの次の世代で和蝋燭づくりを担っていってくれる人を育てたいという思いがあります。そこにも、なるべく早く取り組みはじめたいですね。

戸田佳佑　とだ・けいすけ（右）

1981年奈良県出身。中学卒業後、ニュージーランドの高校に留学。帰国後、大学で映像制作を学び、CM美術、テレビ番組制作、イベント制作などを経験。現在は工場勤務。

寺澤勇樹　てらさわ・ゆうき（中）

1983年埼玉県出身。武蔵野美術大学で空間デザインを学び、卒業後も仕事の傍ら創作活動を続ける。

山口栄美　やまぐち・えいみ（左）

1980年京都府出身。短大中退後、桑沢デザイン研究所に入学。卒業後は広告代理店、ベビー服メーカー、雑貨店などに勤務。2011年からフリーのイラストレーター、デザイナー。

Haze

ホームページ（通販あり）

http://miroitement.com/

Hazeの蠟燭と出会える場所

以下のお店などで取扱中（詳しくはホームページを）。

- 資生堂ザ・ギンザ　1階　ビューティーマルシェ
  東京都中央区　http://stg.shiseido.co.jp
- Natural & Harmonic LAKESIDE grano
  埼玉県越谷市　http://www.naturalharmony.co.jp
- CIRCLE
  東京都港区　http://www.circleofcircus.com
- 手づくりや
  埼玉県蓮田市　http://mgmtedukuriya.jimdo.com

その他、アロマサロン「JasmineBodyworks」のショッピングサイト（http://jasmine-bodyworks.jimdo.com）でも販売。雑司ヶ谷手創り市などに出店するほか、関東近辺で和蠟燭づくりのワークショップを開催している。

できる限り長く、
死ぬ直前まで何かを――好きなものを
作り続けていられれば幸せですね

漆器・木工品
ふたば工房
井筒佳幸さん

「木地」とは木を挽いて作られた、塗料を塗る前の器やお盆などのこと。漆塗りの器などを手がける職人や作家も、ろくろを回して木を削るこの工程は「木地師」と呼ばれる専門の職人に頼み、できあがってきた木地に漆を塗り重ねるところからはじめるのが一般的だ。

けれど、「ふたば工房」の井筒佳幸さんの場合はちょっと違う。器やお盆、雑貨のデザインから木地づくり、そして漆塗りと、完成までのすべての工程を担うのは自分ひとり。井筒さん自身が、木地師であり漆職人でもあるのだ。

木地師って工芸界の中では、相対的に地位が低いんですよ。やっぱり、大家《たいか》とか先生とか言われるのは、最終的に目に見える蒔絵や漆塗りをやる人。木地師や、漆を塗る前段階の「下地」を専門にやる職人は、うまい人がいても「うまい職人さん」で終わってしまうんですね。15年くらい前に、木地師で初めて人間国宝になった人がいて、そこから少し変わってきた気はしますけど……。

そんなふうに話してくれた井筒さんは、高速で回る電動ろくろに固定したお椀を、何種類ものカンナを持ち替えつつ削り、成形していく。少し削っては指でラインを注意深く確かめ、また削る、の繰り返し。削る部位や形によって使い分けるカンナは、全部で80種類くらいあるのだそうだ。

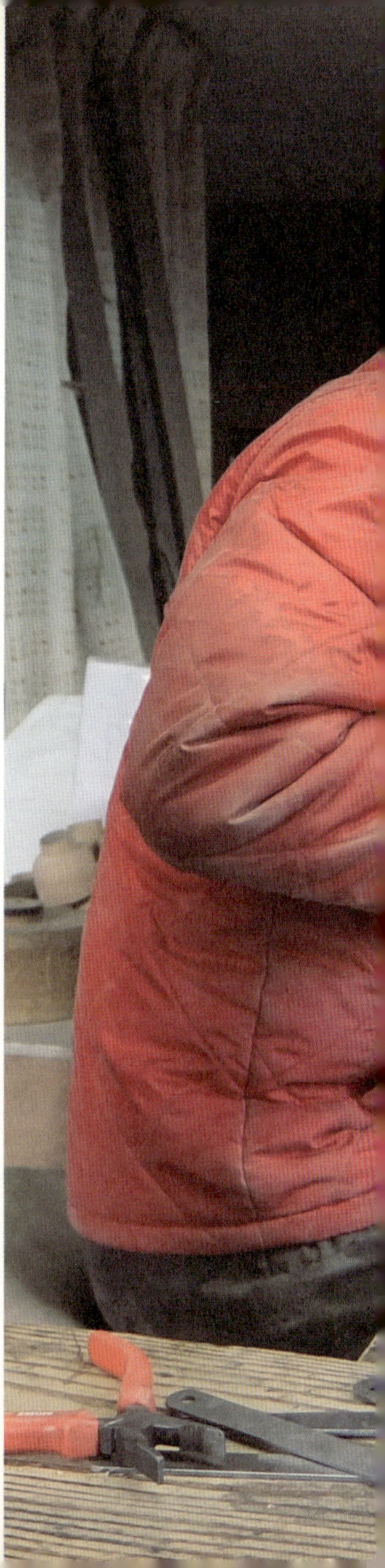

カンナは、基本的には全部手づくりですね。それも、刃物の部分を炉で打ち出すところからやるので、工房の外に鍛冶場を作ってます。だから、まず鍛冶仕事ができないと、木地師にはなれない。最初のころは1本作るのに30分かかって、しかもそれを使ってみたら2秒で刃が折れたりもしたんですけど、今は5分くらいで仕上げられますね。

ろくろに器を固定する「はめ」とか、彫刻刀やノミとか、他の道具もできるだけ自分で作るようにしています。売っている道具を買ってきたときも、刃先を削って少し丸めるとか、自分に合うように加工してから使うんです。

今は「木を挽いている時間が一番長い」という井筒さんだが、大学時代の専攻は木工ではなく漆。それも、食器や雑貨にはほとんど興味がなく、麻布を漆で何重にも張り重ねて成型する「乾漆」という手法を使って、オブジェや仏像などのアート作品の制作に熱中していた。

上新粉とか米粉を水で練ったものを漆に混ぜて糊状にして、それで麻布を張り重ねたもので形を作るんですよ。自由に成形しやすいところが、自分の表現の手法としてしっくり来たんですよね。当時作ってたものですか？　高さ2メートルくらいある、うねうねした重箱みたいなオブジェとか（笑）。

大学は山形の東北芸術工科大学というところだったんですけど、僕が入学したときはまだ新設校だったこともあって、とても自由な雰囲気でした。先生は最初の基本的な工程くらいしか教えてくれなくて、あとは自分で好きなように作って、分からないところがあれば先生や先輩に聞きに行く、という感じ。今はもっとちゃんと「教える」ようになっているみたいですけど、そのころはすごく自由にやらせてもらいましたね。

ただ、やっぱりそういう「表現」で食べていくのって難しいんですよ。芸術家として自立できなければ、あとは大学の教員になるくらいしか道がない。正直なところ、大学3～4年のころにはもう、これで食べていくのは難しいだろうなと思っていたんですけど、まだ若いしどこかでなんとかなるんじゃないかという気持ちもあって。もっと自由な表現を探求したい、自分の好きなことをやりたいと、大学院にまで進みました。

でも、やっぱり「なんとか」はならなくて……結局、卒業後は知り合いの紹介で山形の仏壇店に就職しました。

やりたかったこととイコールでないとはいえ、「漆」とはつながりのありそうな就職先。しかし実際には、「漆を塗るような仕事はほとんど回ってこなかった」という。より正確にいえば、「漆塗りの仏壇自体がほとんどもう製造されていなかった」のだ。

今は仏壇も、大半がウレタン塗装なんです。まあ、仏壇以外の漆器——というか漆器っぽいものも、安く売られているのはみんなウレタンですからね。ちなみに、それよりもう少し値段が高いものは中国からの輸入品。それに日本の職人さんの手でもう1回漆を塗るとか蒔絵をするとかの加工を加えると、一応国産ということになるので、さらにもうちょっと高価になります（笑）。

だから僕も、その会社では刷毛で漆を塗るようなことはほとんどなくて、修理のために持ち込まれた仏壇の傷をパテで埋めたり磨いたり、たまにスプレーでウレタン塗装をしたり、そんなことばっかりやってました。

それでもなんとか勤め続けていた井筒さんだが、仏壇の需要自体がますます先細る中、わずか1年半でリストラに遭ってしまう。再びゼロからのスタートに立って、頭に浮かんだのは「何か、自分の武器になるスペシャリティを持とう」ということだった。

そうすれば、この先どこに行っても食べていけるんじゃないかと思ったんですね。木地づくりを選んだのは、やってる人が少ないので、漆よりも食べていける確率が高いんじゃないかと考えたから。もちろん、相当な技術と経験がないと食べていけないというのは、どの世界でも一緒だと後になって気づきましたけど……。

それで、石川県の加賀市にある県立の挽物技術研修所に入学して、基礎科と専門科、あわせて4年間通いました。そのときはもう結婚していたので、研修中は奥さんに食べさせてもらって。ただ、いずれ工房を開くための資金も欲しかったので、研修所に通いながらファミリーレストランでアルバイトもしてましたよ。

専門課程に入ってからは、研修所の授業は週に1〜2回程度だったので、並行して近くの工房の手伝いもさせてもらってました。とはいっても、弟子入りなんてちゃんとしたものじゃありません。ただ場所を使わせてくれて、たまに「これをやってみろ」と仕事を回してくれるくらいのもの。もちろん雇用契約なんてないし、給料も小遣い程度がもらえるかもらえないか、でした。

しかも、そこの工房の職人さんはなんというか、非常にゆるい感じの人で（笑）。途中からはあれこれ指示をするのも面倒になったのか、工房に入ってきた注文を勝手に持って行っていいから、自分で作って自分で納めてきて、と言われるようになったんです。例えばこの形のお椀を１００個、いつまでに納めてくださいという注文があれば、１００個を全部自分で作って、問屋さんに納品までしちゃうわけですね。普通なら、弟子にあたるような立場だと言われたことしかやらせてもらえないんですけど、そこはかなり野放し状態でした。まあ、僕がそういう、自分と波長の合いそうな人を選んで入れてもらった、ということもあるんですけど。

でも、おかげで独立後にもつながる仕事もたくさん経験できて、よかったと思います。

山の中の工房（上）から、消防署払い下げの車（左）で全国各地の手作り市へ

ノミやカンナはすべて手作り。「鍛冶仕事ができないと、木地師にはなれない」

研修を終えた後は、石川を離れ、妻の実家がある岐阜県の山中に工房を構えた。産地の中にいたほうが職人としての仕事はたくさんあるけれど、「その分縛りも多くてつまらない」と思ったのだという。拠点を移した後も、石川の工房で受けていた問屋からの仕事はそのまま引き継ぎ、月に1～2回は車で納品に通っていた。加えて、知り合いの紹介などで注文を受けることも徐々に増え、仕事はなんとか軌道に乗りはじめた――と思えたそのときに、2008年のリーマンショックが起こる。木地や漆器の業界にも不況の荒波が押し寄せ、問屋からの注文がぱたりと途絶えた。

本当に、いきなりゼロという感じでしたね。さすがに困って、一応、木工や漆の作品を置いているギャラリーとか雑貨店にも多少は営業をかけたりしたんですが、まったく相手にされなくて。それで、これは自分で直接売ってしまえと思って、クラフトフェアや手作り市に参加するようになったんです。

それまで手がけていたのは、あらかじめ決められたデザイン・素材の器を、注文のあった数だけ制作して問屋に納める、いわゆる「職人仕事」。グループ展などに参加したことはあったけれど、「売り物」としてオリジナル作品を作り、販売したのは、それが初めてだったという。

それまではお椀やお皿ばかりだったので、お箸やスプーンも作るようになったのはそこからですね。お客さんや、周りで店を出している作家さんに「これが売れるよ」って言われるとすぐに試してみたり。それで、木製のブローチなども並べるようになりました。

そうやって、いろんな種類のものを幅広く扱うようになったことが、今までなんとかこの世界で生き残ってこれた理由の一つかもしれません。木地や漆塗りの産地にいる職人さんだと、お椀やお皿を作っている人はまずお箸は作らないし、「この人はこね鉢がうまい」とか「この人は小さい蓋物や棗が専門」みたいに、ある程度得意分野のある人が多いんですよ。そして、その得意なものを作らせればやっぱり桁違いにうまい。僕は、一つひとつのものを比べればそういう産地の職人さんたちには叶わないかもしれないけれど、かわりに注文に応じていろんなものを作れるのが強みだと思います。

手作り市などに出店を続けていると、以前に買ってくれたお客さんや周りの作家さんから「うちのカフェで使うお皿を作ってもらえないか」とか「この陶器に蓋を作ってほしい」という、ちょっとした仕事をもらうことも増えてきました。さらに、またそこから知り合いの紹介で、ギャラリーやお店に置かせてもらえるようになったり……市に出ること自体が営業になっている感じです。なので、市にもできるだけいろんな種類の作品を並べるようにしていますね。

現在、工房として使っているのは、妻の実家のすぐそばの、かつては撚糸の工場だった建物。石川から移ってきた9年前には、器具もろくろと旋盤くらいしかなかったけれど、機械を人に譲ってもらったりしながら、徐々に制作環境を整えてきた。今使っている機械は大半が、製造から30年、40年以上経った古いものだという。

こっちの手押しカンナは50年くらい前のものだし、こっちの機械も昭和30年代くらいのものだし……。漆を塗った器を乾かすための「漆風呂」もたしか、そのくらい古いものだったと思います。でも、新しいものを買ったとしても基本構造は変わらないですよ。要するに、木地も漆も大きな儲けが出るような産業としては成り立っていなくて、なんとか細々と続いているようなレベルの分野だから、技術革新とかがなかなか起こらないんでしょうね。

ただ、古い機械は壊れにくいし、今なら絶対安全カバーがついているようなところもむきだしな

出店時には、レイアウトにも気を配る。周囲の売れ行きのいい店などを参考にして工夫を重ねてきた

ので、万が一壊れたときにも修理しやすい。最近の機械は、危険だからっていって触れないようにしてある部位がすごく多いんですけど、触れないっていうことは、壊れたときに直すのが大変だっていうことなんですよね。

工房の床には、今後の作品の材料となるはずの木材が、あちらにもこちらにも山と積まれ、壁に立てかけられている。もちろん市場に仕入れに行くのが基本だけれど、豊かな木々に覆われた山の中という恵まれた環境だけに、ときには近所の人が伐った木を分けてもらうこともあるそうだ。

電線に引っかかりそうだとか、そういう理由で木を伐る人がいると、どこかに売るといったって大したお金にはならないし、運ぶのも大変だしというので、伐った木を近所の人にタダで分けてくれるんです。家で薪ストーブを使ってる人たちが、薪にするといってチェーンソーで切り分けていたりするので、僕もその中から好きな部分をもらってくる。お礼に缶コーヒーくらいは渡しますけど(笑)。こないだも桜の木と樫の木を分けてもらったので、試作品を作ってみたところなんですよ。

市場で買うときも、細かったり短かったり節があったりして、家具屋さんとかは買わないような木材を、底値で探してくることがほとんど。家具にするのは難しくても、器の木地には十分使えるものもあるので……。もちろん、もっといい材料を使いたいという思いもありますけど、なるべく原価を下げないと、どうしてもその分を値段に転嫁しないといけなくなってしまいますから。

そんな言葉からも伺えるように、決して楽に収入を得られる仕事ではない。「正直なところ、びっくりしてしまうくらいお金には苦労します」というのが、工房を構えて10年近くになる井筒さんの実感だ。

娘が2人いるんですけど、彼女たちに就いてほしい職業ではないですね。こういう手仕事で生計を立てるというのは、一般的に思われているよりはるかに大変だと思います。今はなんとかやっていけるだけの仕事をもらえているけれど、今後どうなるのかはまったく分かりませんし……。じゃあなぜ続けているのかといえば、「好きだからやっている」としか言いようがない。「作る」ことに対する執念や情熱があるからこそ、ここまでやってこれたんだと思います。

学生のころのように「自分の表現」にこだわる気持ちも、今はあまりないという。

別に自分の名前は後に残らなくてもいいな、と。作った作品は自分より長生きしてほしいけれど、僕自身は次の時代に生きる人たちにつながっていく、その流れの一部になれればいいのかな、と思うようになりました。

基本的には、注文してくれた人の好みや気持ちに沿って作るようにしているし、何であっても「作ること」そのものを楽しみたいと思っています。オリジナルの作品にしても、あまり自己主張の強い、奇抜なものは作らないですね。普段使いができる器に、と考えると、やっぱりそうなります。その上で、実はほんのちょっとだけここが変わってるんだよ、それがこだわりなんだよ、という部分に「自分らしさ」が出ればいいのかな、と。

今、こうやって手仕事で食べていけているのはある意味で奇跡だと思うし、それを支えてくれている周囲の人たちへの感謝の気持ちは忘れないようにしようと思っています。それと同時に、奇跡ではなくて必然だと思えるくらいに技術を磨いて、いろいろな経験を積んでいきたい。そしてどんなものであっても、できる限り長く、死ぬ直前まで何かを——好きなものを作り続けていられれば幸せですね。

ふたば工房

ホームページ（通販なし）

http://futabacraft.blogspot.jp/

ふたば工房の器や雑貨に出会える場所

以下のお店などで取扱中。

- CASAICO
  青森県弘前市　http://www.casaico.com /
- DO LIVING ISSEIDO ラシック店
  愛知県名古屋市　http://www.sugiura- isseido.com/shop/lachic.php
- 手作り家具工房 HELL-BENT
  愛知県岡崎市　http://www.okazaki-seizai.co.jp/products /hell-bent/

その他、東京、静岡、名古屋など幅広いエリアで手作り市、クラフトフェアなどに出店。

井筒佳幸　いづつ・よしゆき

1975年神奈川県生まれ。東北芸術工科大学芸術学部美術科工芸コース卒業、同大学院芸術工学研究科芸術文化専攻コース修了。仏壇店勤務を経て、石川県立挽物轆轤技術研修所に入所。卒業後に独立し、岐阜県加茂郡に工房を構える。

織物
toki warp weft
志村祐子さん

ある工場から「最小ロットは５００枚だ」って
言われたときには、とんでもないと思って、
「アイアムベリープアー」とメールを書きましたよ（笑）

toki《トキ》 warp《ワープ》 weft《ウエフト》のストールは、触れるとびっくりするくらい軽くてやわらかい。風を一緒に織り込んだみたいな軽やかさ。「普通は織物には使わないような、細い糸を使って織ってるんですよ。すごく切れやすいので、織るのもなかなか難しいんですけど」と、志村祐子さんが説明してくれる。

このストールの織り手は、インド・ベンガル地方の職人さんたち。どの糸をどんなふうに組み合わせて、どんな風合いの布に織り上げるのかという「設計」を決め、自ら織った見本の布とともにオーダーを出すのが、志村さんの役割だ。

自身も織り手でありながら、自分で作品を織るのではない今のスタイルを選んだのは、前職に関係がある。大手アパレルメーカーの「試織《ししょく》」が、志村さんのかつての仕事だった。

美術系の短大を出て、劇団で舞台美術の仕事をしていたんですけど、ちょっと体力的にも経済的にも厳しくて、3年くらいで退職しちゃったんです。

その後、今なら資格を取ろうとか考えたのかもしれませんけど、当時はまだバブルの時代だったんで（笑）、あまりそういう方向には思考が行かなくて。それより、何か自分が好きなことをやりたいな、勉強したいなと思ったんですね。ただ、お金があんまりなかったんで、昼間働きながら通えるところを探したら、大塚テキスタイルっていう、テキスタイルデザインや染織を勉強できる学校が見つかって。

布は好きで、友禅染めを教えてくれるところに見学に行ったりもしたし、劇団時代も多少衣装関係の手伝いをしたこともあったんで、それも影響したのかもしれないですけど……やっぱり、そこなら授業料を払えそうだったというのが一番大きいです（笑）。非常に行き当たりばったりなんですよね。

そうして、昼間は喫茶店などでアルバイトをして、夜は学校へという、変則的な学生生活が始まった。洋裁は好きで、自分で洋服を縫ったりしたこともあったけれど、織物はまったく初体験。それでも、学びはじめて間もなく「ああ、なんか好きだなこれ、と思った」という。

劇団の仕事も、もちろん自分が好きではじめたことではあったんですけど、何かしっくり来ないというか、そこにいても自分にとって「気持ちいい」感じがしないな、という感覚がずっとあったんですね。その点、織りは色の組み合わせを考えたり、織って布にしていくこと自体がとても楽しくて、気持ちよかった。卒業制作を終えるときには、これをずっとやりたいな、という気持ちになっていました。

ただ、織物ってそもそも、お金を稼げる仕事がほとんどないんですよ。入学した時点でも、先生には「ここに来ても就職はないですよ」って言われてましたから。しかも、私が学校に通ってる2年の間にバブルが崩壊して、ますます就職状況は悪くなってましたし……。

迷った末に、選んだのは織物とはまったく関係のない事務職のアルバイト。夜や休みの日に自宅で織り、学校時代の仲間とグループ展などを企画する、そんな日々をしばらく続けていたとき、知人があるアパレルメーカーの人材募集を教えてくれた。

ジャンルにこだわらず、誰かいい人がいたら入れたいって言ってるから、ダメ元で連絡してみれば？ と言われて。それで、今まで織った作品の写真なんかを送ってみたら、面接してもらえることになったんです。

「あなた何ができるの？」と言われて、「手織りです」って答えたら、「機は持ってるの？ じゃあ、試織はできない？」って。試織って、要するにサンプルを織ること、試し織りなんですけど、その

自宅の一室いっぱいに、2台の織り機と糸繰り（織り機に掛ける糸を準備する作業）機が置かれている

ときはよく分からなくって（笑）。でも、分からないままに、「やります」って言って、仕事をさせてもらえることになりました。最初は外注スタッフとして、あとでやっぱりちょっとそれでは食べていけないというので、契約社員という形にしてもらったんですけど…。

配属先は「素材開発部」。社内のデザイナーからの要望を聞きながら、新製品のための新しい布の組成を考え、その試作品を織るのが志村さんの仕事だった。

デザインより前の段階の、布の厚みや強度、柔らかさやコシ、質感といった部分――私たちは布の「ボディ」って呼ぶんですけど――ですね。こういう布にするならこの糸を使って、こういう組み合わせで織るのがいいんじゃないかという「設計」を考えて、実際に織ってみて試作品を作るわけです。デザイナーから「こういう布が欲しい」って言われることもあるし、こちらから「こんな新しい布を作ってみたけど、どうですか」と提案することもありました。

通常、オリジナルの生地開発から手がけるアパレルメーカーはあまりないんですけど、そこの会社は当時の経営者が、「他で売ってないものを作るんだ」という気概に満ちた人だったので。すべてではないけれどオリジナルの生地もかなり扱っていて、素材開発のための部署がちゃんとあったんですよね。

専門の学校を卒業したとはいえ、織り手としてはまだまだ初心者。実際に仕事に取り組む中で、ときには冷や汗をかきながら学ぶことも多かったという。

その会社では、機械織りの布だけではなくて、インドの職人さんに発注する、手織りの布も扱っていたんですね。それが今のｔｏｋｉ　ｗａｒｐ　ｗｅｆｔにもつながってくるんですけど……でも最初、

「いつもこれを使ってる」と言われた糸を使って作業しようとしたら、細くって織れないんですよ！ 織れないというか、織機に糸をかける前、糸繰りといって、糸を管に巻き付けていく作業があるんですけど、その段階であちこち切れてしまって、織るどころじゃない。そんな細い糸、学校時代は使ったこともなかったから、パニックでした。

でも、会社には試織担当は私しかいないから、誰にも教えてもらえないんです。しょうがないから、卒業した学校の先生に電話で泣きついたら、「やったことはないけど、こういうやり方があるらしいよ」というのを教えてくれた。それをヒントにいろいろ本で調べていたら、ちょうどあるデパートの催事場で織物の実演販売があって、そこにそのやり方で織る職人さんも来るみたいだということが分かって。行きましたよ、催事場まで。

そうしたら、実演してるおばあさんが使ってる糸は、私が格闘していたものよりだいぶ太かったけれど、たしかに先生が言ってたやり方でやってるように見えた。それで、その場で「それ、どうやってやるんですか？」って教えてもらいました。急いで家に帰って試してみたら、なんとか織ることができて…あとで聞いたら、やっぱり日本でその細さの糸を使って織ってる人は、その当時いなかったんだそうです（笑）。

そのまま、試織担当として10年あまり働いた。「学校に通ってたときより、ずっと勉強しました。大変だったけど、面白かった」と志村さんは振り返る。

退職することになったのは、経営不振を理由に会社の体制が一新され、経営方針が大きく変更されたからだ。今後は社内での素材開発は基本的に行わないとされ、志村さんにも辞職が勧告された。

外注スタッフとしてなら仕事を回せるとも言われたんですけど……新しく来た経営者が、「手織りの布なんて、自分たちは扱わなくていい。あんなのは伝統工芸としてだけ作ってればいいんだ」

というようなことを言ったんですね。それを聞いたら、なんだかもういいかな、ここで区切りをつけようかな、という気がしてきて、完全にその会社からは離れることにしました。

ただ、じゃあ次は何をしようかと思ったときに、それまでやってきたことがあまりに特殊だったので、就職先が全然ないんですよ。もう40代になっていて、求人を見ていても年齢で引っかかることが多かったし。いやあ、どうしようかと思いました。

それで、失業保険をもらいながらいろいろ考えたんですけど、結局自分にやれることはこれしかないんだから、今までやってきたことを今度は1人でやってみるか、と。といっても、私本当に織物しかやってなかったので、海外とのやりとりとかお金の計算、あと布のボディではなくて柄のデザインとかも、全部1人でやらなきゃいけないわけで、不安は山積みでしたね。

作家として、自分で織った作品をそのまま販売するということは、ほとんど考えなかったという。

一つは、「作家」っていうのがなんか、ガラじゃないんですよね（笑）。今も、たまに「作家さん」って言われるとちょっと恥ずかしいくらいですから。

あと、自分で織ったものに値段を付けるとすると、どうしてもストールで1枚6万7万っていう値段になってしまう。手間を考えるとそれでも安いんだけど、でもその値段で作品が売れるとも思えなかった。学校時代に先生にも言われたけど、本当に織物って効率が悪くて、お金にならないんですよ。たまにバカみたいって思うこともあります（笑）。

では、どこに発注するか。機械織りであればともかく、手織りは人件費を考えれば、どうしても海外に目を向けざるを得ない。手織りに長い間関わってきた自分の強みを生かしたいという思いもあり、会社員時代の発注先の一つだったインド、それもベンガル地方に的を絞って、発注先を探しはじめた。

でも、さすがに前の会社が取引している工場にそのままお願いするわけにはいかないので、インターネットで、そのあたりの地名と、「織物」「工場」とか、そういう英単語を入れて検索してみたんですね。最初は全然ダメだったけど、しばらくやっているうちに多分その地方の織物工場のリストじゃないかと思われるデータが見つかったので、そこに載ってる工場に、片っ端からメールを送りました。

ほとんどは無視されましたけど、いくつかそれでも返事をくれた工場があって……といっても、そこがどんな規模の、何をやってる工場なのかこちらはほとんど分からないんですが（笑）。サンプルを送ってくれと頼んでも全然来ないし。それでもなんとかやりとりを重ねて、この糸で、藍染めで、こういう布の設計で、この大きさのストールを織ってくれ、とオーダーを出しました。

実は、それまでほとんど英語はできなかったという志村さん。慌ててマンツーマンの英会話教室に飛び込み、ビジネスに必要な英語表現だけに絞り込んで教えてもらった。

先生は日本人なんですけど、自分でも輸入の仕事とかをしてる人だったんで、海外送金の方法とか、英語というよりビジネスに必要な手続きについてもずいぶん教えてもらいましたね。交渉のコツは、受け入れられないと思ったことははっきりそう伝えること、まずメールの最初に「アイドントアクセプト（受け入れません）」って書け、とか。

ある工場から「最小ロットは５００枚だ」って言われたときには、とんでもないと思って、「アイアムベリープアー（私はすごく貧乏なんだ）」とかってメールを書きましたよ（笑）。日本人だってお金のない人間はいるんだ、特に今ジャパニーズエコノミーは全然よくないからって。

ほかにも、草木染めの糸を使ってくれって頼んだら、絶対そんなはずはないのに「できない」って断られたり、かと思えば「やれるところを探してきたけど値段が上がる」って言われたり。腹の探り合いというか、ほとんどバトルでしたねえ。

すったもんだの末に、そのとき取引をはじめた二つの工房が、今も志村さんのビジネスパートナーだ。とはいえ、顔の見えない相手との取引、文化の違いもあって、3年経った今も心配の種は絶えない。

会社に勤めてた時代は、こちらで織った見本とオーダーを送ったら、一度向こうからサンプルを送ってもらってたんですよ。「織ってみたけど、これでいい?」という確認ですね。でも、もちろんその分代金は高くなってしまうわけで。今はそんな余裕がないので、もう一発勝負。オーダーを出したら、いきなり向こうから製品が送られてくることになってます。だから、「あーっ」って叫び出しそうになるような失敗とかもありますよ。届いたあと、販売する前に一度洗ってみてチェックするんですけど、ほんとに全部色落ちしちゃって、泣く泣く国内の工場で色止めだけ頼んだこともあったなあ……。

しかも、その製品がいつ手元に来るのかも実はよく分からない(笑)。一応「いつ納品します」っていう連絡は来るんですけど、そのとおりだった試しはほとんどないですね。早くて半年、遅くて1年。だから、「展示会に出ませんか」というお誘いをいただいても、「すみません、それまでに作品が揃っているかどうか分からなくて……」とお断りしたこともあります。

実はなんか、向こうの工場にもっと儲かる「おいしい」仕事が来ると、そっちを優先させちゃうみたいで。経営者から「シリアスイル(深刻な病気)になったから仕事ができない」ってメールが来るんですよ。でも、しばらくしたら「元気になったから今日から仕事をはじめる」って言ってくる、そんなことが何回もありました(笑)。

あと、これは取引先のせいではないんですけど、最初のころは届いた荷物を税関に受け取りに

風にふわふわと揺れる軽やかなストール。太陽の光の下がよく似合う

行くときの手続きもよく分からなくて、余分に高い関税や留め置き料を支払うはめになったこともあります。税関って、私みたいな自信なさげな素人にはほんと厳しいんですよ。一緒に行ってもらった夫には、「しょうがないから勉強料だと思って払え」って言われたけど、あれは悔しかったなあ。

　そんな苦労に報いてくれるのは、やはりお客さんの反応だという。インターネットや委託による販売もしているが、売り上げの大半を占めるのは、手作り市など直接顔を合わせての販売だ。

以前、ある手作り市に出店してたときに、うちのストールをすごく気に入ってくれた人がいたんです。でも、ちょっとスーパーに買い物に来たついでに寄っただけだから、財布にお金が入ってないって言って……「うちにお金あったかなあ、年金生活者だからお金ないんだよね」って言いながら帰っていって。そしたら、もう片付けて帰るっていう直前に、ほんとに来てくれたんですよ。「家にお金あったよ！」って、多分なけなしのお金を集めてきてくれたんだと思うけど、小銭も混じった代金を差し出してくれた。

　嬉しくなっちゃって、ハンカチもおまけでプレゼントしたんですけど……実は、ちゃんと数えたらお金が５００円くらい足りなかった（笑）。もうそれはいいですよって言いましたけど、でも嬉しかったですね。うちの製品って、手間を考えれば高くないとはいっても、やっぱり1万円以上の値段がついてるじゃないですか。「友達にお金借りてきた！」って買いに来てくれる人とかもいて、ほんとにありがたいです。

　加えて、インドの織り手たちの貴重な技術を廃れさせてしまわず、次につないで残していく、その一助にわずかでもなれないだろうか、との思いもあるという。

彼らの技術はやっぱり、本当に素晴らしいんですよ。これだけ細い糸を使って織れる職人って、世界的にもなかなかいないと思う。だけど、インドも今経済発展が著しくて、どんどん工業化が進んでいくし、そんなに遠くない日にこの技術もなくなっちゃうんじゃないかなあという気がしていて。外の人間の勝手な言い草かもしれないけど、やっぱり残ってほしいなあ、という思いがあるんです。……こういうこと言うと、なんか照れますね（笑）。要は、彼らが織ってくれる美しい布が私はすごく好きだっていうだけなんですけど。

ただ、機械織りを否定しているわけでは全然ないです。機械織りには機械織りにしかない面白さがあると思うし。今もｔｏｋｉ ｗａｒｐ ｗｅｆｔの製品ではなくて、デザイナーさんに素材として卸す布については、国内の機械織りの工場とも取引はしているんです。今後は、ストールとかの製品も作ってみたいなと思っています。

最後に、今でも織物は志村さんにとって「気持ちいいこと」ですか？　と聞いてみた。

……うん、そうですね。海外とのやりとりのほうが大変で、自分で織る時間は前より減っちゃったけど、でもやっぱり楽しい、というか気持ちいいです。糸と糸が重なって、混ざり合って色が生まれる、多分それが私は大好きなんだと思います。

toki warp weft

ホームページ（通販なし）

http://toki-ww.blogspot.jp/

toki warp weftの織物に出会える場所

以下のお店などで取扱中（詳しくはホームページを）。

- La Ronde d' Argile ラ・ロンダジル
  東京都新宿区　http://la-ronde.com/
- 間・Kosumi
  東京都中野区　http://kosumi.net/
- 暮らしのアートギャラリー　もえぎ
  東京都国立市　http://moegi.kurashi-no-art.com/info/
- 峠のギャラリー　歩'ら里
  山梨県北杜市 /http://www.burari.info/

ウェブショップ「iichi（いいち）」でも取扱中（http://www.iichi.com/people/toki_warp_weft）。

その他、東京近郊の手作り市、イベントなどに出店。

志村祐子　しむら・ゆうこ

東京都出身。武蔵野美術短期大学卒業後、舞台美術スタッフに。後に、大塚きもの・テキスタイル専門学校で織物を専攻。アパレルメーカー勤務を経て、toki warp weftを立ち上げる。

ものを作ること、直すことって、
私にとっては完全に生活の一部なので、
どこで何をやっていてもあんまり変わらない

空想雑貨
金星灯百貨店
橋本武蔵さん

「金星灯百貨店」は、今から１００年後の未来、空想の世界に建っている「夢の大百貨店」。石造りの七階建て、塔のような形をした建物の最上階には、遊園地と映画館。アクセサリーも洋服も雑貨も本もなんでも揃い、毎日たくさんの人で賑わったけれど、やがてその賑わいはしぼんでゆき、そこからさらに１００年後の未来の世界では、すっかり忘れ去られてしまっていた……。

その「さらに１００年後の未来の世界」、つまり私たちが生きている現代からすれば２００年先の時代から、かつて存在した金星灯百貨店のことを懐かしんで、それにまつわるいろいろなグッズを復刻している――というのが、雑貨制作ユニットとしての「金星灯百貨店」のコンセプトです。「未来の雑貨」ではあるんだけど、どこかレトロで「懐かしさ」が漂っているのは、だからなんです。

そんなふうに説明してくれたのは、東京・豊島区に店舗を構える「金星灯百貨店」の店主、橋本武蔵さん。なんだか頭がこんがらがってきそうだけれど、店に置かれている雑貨の大半は、制作ユニット「金星灯百貨店」のオリジナル。そして、そのすべての作品に共通する背景となっている世界観が、空想世界の中のデパート「金星灯百貨店」なのだ。

例えば、看板商品の「時計がまぐち」は、かつての金星灯百貨店にはゾウのかばん屋さんがいて、そのかばん屋さんが売っていたがまぐち、という設定。ポストカードなどに登場する女の子は、鈴成《すずなり》寿々《すず》女《め》ちゃんといって２１０１年生まれ、今からおよそ１００年後――だから、金星灯百貨店が華やかなりしころに活躍した子役スターで、百貨店の映画館で彼女の出演する映画が上映されていた。こっちのイラストの女性は、金星灯百貨店にいた案内嬢。それから、このイラストの猫は、金星灯百貨店の本屋さんで売られていたＳＦ小説に登場する「マイカ」という白猫……。

そんなふうに、作っているものすべての背景に何かしらの「物語」があって、その物語が金星灯百貨店という一つの場所に集約されてくる、という感じですね。

制作ユニット、というからには「金星灯百貨店」のメンバーはもう1人いて、それが橋本さんの妻であるところの「ハシモトA」（ちなみに橋本さん自身は「ハシモトZ」と名乗っている）さん。金星灯百貨店の世界観は、すべてこの「ハシモトA」さんの頭の中から生み出されたものだという。

そう。全部彼女の空想妄想の世界。そして、私はそれを現実のお客さんとつなぐツアーリーダー、もしくは通訳みたいなもの——という位置づけですね。
具体的には、キャラクターのイラストを描いたり、写真をコラージュしたり、雑貨のデザインを考えたりするのは全部彼女。ものによってはサンプルを作って渡してくれることもある。それを実際に、縫ったりつないだりして商品の形にしていくのは私。物理的にこれじゃ作れないとか、こういう構造にしたほうが丈夫になるとかいった提案はしますけど、デザインそのものについてはほとんど口出しはしませんね。そこは彼女の世界だと思っているので。

橋本さんの生まれ育った家は小さな工務店で、小さいときからいつも身の回りに工具があった。それをおもちゃがわりに、ものを壊したり直したりして遊ぶのが子どものころの日常だったという。

高校を卒業して家を出た後も、工務店や工場に勤めて、溶接したり金属を削ったり、機械を作ったり直したり、電気の配線をやったり、という時期が長かったので、基本的に技術屋、職人なんです。だから、精度の高いものを作るのには自信があるんだけど、「この部分を適当に、いい感じのカーブにして」とか言われると全然ダメで、「その〝いい感じ〟のラインを図面に描いてほしい」と思ってしまう（笑）。その図面どおりに、1ミリの狂いもなく作るのは得意なんですけどね。

コラージュに用いられている写真は、妻の「ハシモトA」さんの母親や祖母のもの

あと、最後に勤めていた会社を辞める前、「次は家でできる仕事がしたい」と思って、「かけはぎ」の勉強をしていたことがあるんです。名古屋にいる師匠のところまで週1回、会社勤めを続けながら通ってました。結局、ある程度技術を身につけたところでヨメの創作を手伝うようになったので、仕事としてかけはぎをやることはなかったんですけど……そのとき学んだことは今も仕事の上でものすごく役に立ってますね。

なので、コンピュータとか電子系とかはあんまり得意じゃないんだけど、物理的な「ものづくり」ならなんでもやる——という感じなんです。家で料理を作るのも基本的に私だし。

社会に出てから、ずっと何かしらの形でものづくりには関わっていたけれど、自覚的に「ものを作る仕事がしたい」と考えたのは30代になってから。ふと、身の回りにたくさんあるモノのうち、「何がなくなったら自分はやっていけないのか」を試してみたくなり、家にあった持ち物をどんどん減らしていってみた時期があるのだという。

電気製品もどんどん処分していって。テレビはもちろん、掃除はほうきですればいいから掃除機もいらない、食べ物は保存食にすれば保つしコンビニもあるから、冷蔵庫もなくても暮らしていける。そんなふうにどんどん減らしていったら、最後に残った電気製品が三つあったんです。はんだごてと、ホットメルト用のグルーガンと、あと乾電池用の充電器。結局工具なんですよね。私にとっては、冷蔵庫よりそっちのほうが大事だったわけで……ああ、やっぱり私は、何かものを作る仕事がしたいんだな、と改めて思ったんです。それが、今から15年くらい前のことですね。

友人の紹介で「ハシモトA」さんに出会ったのも、ちょうどそのころのこと。ほどなくして一緒に暮らしはじめたけれど、仕事はお互いまったく別分野で続けていて、「ハシモトA」さんの創作活動を橋本さんが手伝うようになったのはここ4年ほどのことだ。

私が会社を辞める少し前ですね。そのころ、彼女がそれまで頭の中に生まれてきていたキャラクターやストーリーを一つの世界観にまとめようとしていて。そこから金星灯百貨店の世界が成立してきたんだけど、彼女が現実のものづくりまで1人で全部やるのは無理だし、じゃあなんとなく手伝うかということになって。気がついたら今の「ユニット」という形が成立していましたね。ある程度作品ができてきたところで、レンタルスペース屋さんの一画を借りて、そこで販売もはじめた。

そして、その2年後くらいに、引っ越しと同時に「金星灯百貨店」の店舗を開きました。別に「店舗を持とう！」と思い立ったわけじゃないんですけど……しいて言うならきっかけは、それまで住んでいた部屋の「風呂が壊れた」ことかも（笑）。

ヨメが実家に風呂を借りに行ったら、なぜかその日に限って、たまたま隣の家の子猫を預かることになったんですよ。で、それまで彼女は全然猫には興味がなかったのに、その子猫を寝かしつけたりしているうちに、すっかり自分でも飼いたくなっちゃって、「猫を飼える家に引っ越そう！」ということになった。で、いろいろ探して借りることになった家が、たまたま店舗つき物件だったので、「じゃあ店をやろう」という流れになったんです。

さらに、その直後から各地の手作り市などにも出店するようになり、活動の幅は大きく広がった。そうした市に出店するときも、そして実店舗の「金星灯百貨店」でも、売り手を務めるのは主に「ハシモトZ」――橋本さんのほうだ。

まあ、ユニットの「金星灯百貨店」においては、彼女は現実にいるのかいないのか分からない、

カラオケ 歌広場

宇宙村
ストラップ

半分空想の中にいる人物という位置づけなので。それにもともと、あまり人前に出たり、知らない人と話したりするのが得意なほうじゃないので、だったら私がやろう、ということになったんです。最初は市も2人で出ていたこともあるんですけど、搬入とかも慣れれば1人で特に問題はないですし。

実は、私もそれまで接客業というのはほとんど経験がなかったんですけど、やってみたら意外と面白かったんですよね。自分たちが作ったものが売れること自体ももちろん嬉しいし、ディスプレイの工夫で手に取ってもらえる確率が変わってくるのも面白い。自分が狙ったとおりのところに目を止める人がいると「よし来た！」と思ったりもして（笑）。

一番嬉しいのは、以前に購入してくれた人が「使ってます」と見せに来てくれたとき、だという。ただ橋本さんの場合、その理由は単なる「使ってもらえてうれしい」とはちょっと違うようだ。

よし、ちゃんと壊れないで使ってもらえてる！　ということですね。技術屋って、自分で作ったものがどれだけの期間壊れずに使ってもらえてるかが、いつも気になるんですよ。買っていってくれたのはいいけど、2～3日で壊れたり破れたりしてたらどうしよう、とか。だから、もしうちの商品を買っていって壊れた人がいたら、ぜひ持ってきてほしいですね。どこがどういう原因で壊れたのか調べて、二度と壊れないものを作ってみせます（笑）。

私にとってのものづくりの面白さって多分、そういうところにあるんですよね。モノとしての精度を高めるというか……ただきれいというだけじゃなくて、右から左に向かって縫っていたのを逆に変えるだけで完成までの時間が何秒早くなるとか、組み合わせ方をちょっと変えるだけでずっと丈夫になるとか、そういうことも含めて、作品を研ぎ澄ましていく感じ。その楽しさは昔、工場用の大きな機械を作っていたときも、ここでこうやってがまぐちを縫ってるときもあんまり変わらないですね。ものを作ること、直すことって、私にとっては完全に生活の一部なので、どこで何をやっていてもあんまり変わらない、というところがあるんです。

金星灯百貨店をはじめるまで、いくつも会社を替わり、住む場所も点々としてきた橋本さん。ここにはいたくないと感じたら迷わず次に進み、やりたいと思ったことはすぐさま実行に移してきた。東京に出てきたのも、「雑誌で見た古武道の道場がなぜかすごく気になった」から。上京したその日に、住むところも決まらないまま入門を願い出て、夜は近くの神社の軒先で野宿した。

これは全部、今思えばなんだけど……結局はずっと、もっと自分が成長できる場所、いろんなことを学べる相手に出会える場所を探して移動し続けていたような気がします。それは、技術的な面もあるけどそれだけじゃなくて、例えば人への接し方とかコミュニケーションの取り方とか、そういうこと。地元で学校に通っているときから、もっといろんな人に会っていろんな経験をしたい、そのためにはここにいちゃダメだ、という気がずっとしていたので……まあ、その感覚をこうやってちゃんと言語化できたのは、本当に最近のことなんですけど。

だから、「ここで自分はまだ学ぶことがあるなと思えた場所には、比較的長くとどまっていたんですよね。道場は途切れつつも今も続けているし、10年以上働いていた会社や、手伝っていたNGOもある。多分それは、そこで面白い人にたくさん会えて、いろんなことを学べると感じたからなんだろう、と思います。

その意味では、今の仕事はどうですか？　と聞いてみた。また「次」に行くこともあるのか、しばらくはとどまり続けるのか……。

今の仕事は、面白いです。どこまでも「技術屋」でしかなかった私が、他の作家さんの作品を見て、いいなあと思ったり、作品に込められた思いが感じられる気がしたりするようになったのも、自分が作り手になってからだし。そういうことが分かるようになったのも、人間としての成長のような気がするんですよね。

正直、そんなに儲かる仕事ではないし（笑）、世の中の変化は早いから、ずっと同じことをやってるかどうかは分からないですけど……多分2人で、何かしらものは作り続けてるんじゃないかなあ、と思っています。

アトリエショップは土日月の12～20時営業(臨時休業あり)。それ以外も事前に「予約」があればオープンすることも

金星灯百貨店

ホームページ（通販あり）

http://kinseitou.info/

金星灯百貨店の雑貨に出会える場所

東京・豊島区のアトリエショップ（東京都豊島区南長崎3-41-7）のほか、以下のお店などで取扱中（詳しくはホームページを）

- ニヒル牛2
  東京都杉並区　http://nihirugyubook.but.jp/nihirugyu.html
- Deity's watchdog
  愛知県名古屋市　http://www.d-w-d.jp/index.html

デザインフェスタ、雑司ヶ谷手創り市、クリエイターズマーケットなど、東京近郊を中心に多くのイベントに出店。

橋本武蔵　はしもと・たけぞう

1966年生まれ。出身は西日本。学校卒業後、機械製造の会社に就職。20代前半に退職し、各地を放浪したのちに上京。工務店、食品宅配会社、印刷会社などを経て、2010年から「金星灯百貨店」としての活動を本格的にスタート。

全国の手作り市

比較的規模の大きいもの、知名度の高いものを挙げてみましたが、
これ以外にも全国各地で大小の市が多数開催されています。ぜひ自
分の住む町／都市で探してみてください。

関東

◉ 雑司ヶ谷手創り市　http://www.tezukuriichi.com/home.html
豊島区雑司ヶ谷の鬼子母神／大鳥神社で開催。その他、文京区養源寺で開催される「& SCENE 手創り市」なども。

◉ 青空個展　http://www.aozorakoten.com/
池袋 MOTTAINAI てづくり市、東京オペラシティ MOTTAINAI てづくり市など、東京各地で開催。

◉ あ～てぃすとマーケット in 横浜赤レンガ倉庫　http://artistmarket.info/
年に２回の開催。

関西

◉ 百万遍さんの手づくり市　http://www.tedukuri-ichi.com/index.html
毎月 15日に京都市左京区の知恩寺にて開催。毎月第１土曜日に開催される「梅小路公園手づくり市」(京都市下京区) もあり。

◉ 上賀茂手づくり市　http://kamigamo-tedukuriichi.com/index.php?id=89
京都市北区の上賀茂神社で月１回開催。その他、平安神宮近くで開催の「平安楽市」、京都市左京区で開催の「北山クラフトガーデン」なども。

◉ 森の手づくり市　http://monocro.info/moritedu/index.html
京都市左京区の下鴨神社にて不定期開催。

その他

◉ 浜名湖アートクラフト・フェア　http://www.hamanako-craft.com/
静岡県浜松市の浜名湖ガーデンパークにて、年に１回の開催。

◉ くらふてぃあ杜の市　http://www.geocities.jp/kurahutoiti/index.html
長野県駒ヶ根市にて開催。

◉ 芸森アートマーケット　http://geimori-artmarket.kep-product.com/
北海道札幌・芸術の森にて開催。

あとがき

ヒトの人生の「歩み方」に、とても興味があります。

……というと覗き趣味のようですが（なのかも）、いろんな人生を歩んでいる人たちが、それぞれどんな経緯をたどって「今」にたどり着いたのか、何を思ってどんな選択を重ねてきたのかが、いつもとても気になるのです。

ライターの仕事をはじめて10年以上、たくさんの人の話を聞かせてもらってきたけれど、どんなに「フツー」な人生を歩んできた、と自称する人であっても、お話がつまらない、と感じたことは一度もありません。その人が当たり前だと思っていることが、こちらにとってはまったく未知の世界だったり、何気なく語られるエピソードが、聞いているほうからしたら「すごい一大決心」としか思えなかったり。

「平凡」で「ありきたり」な人生なんて、多分どこにもない。使い古された表現になるけれど、人生の数だけちゃんとそこには「ドラマ」がある。その面白さに惹かれて、もっといろんな人の人生を知りたくて、なんとかここまで仕事を続けてきたのかもしれません。

なので、今回の取材は、とにかく楽しい体験でした。実は取材中、何人もの方に「何も特別な話なんてないんですよ」と言われ、インタビュー後には「こんなので原稿になりますか?」と心配していただいたりもしたのですが、それどころか思った以上に多彩な、豊かな「ドラマ」に、驚いたり笑ったり、ワクワクしたり……。

たぶん、自分でものをコツコツ作るよりも、すでにあるものを流通させたり、「効率的な作り方」で誰かに作らせたほうが、ずっと簡単にお金になる時代。そんな中で、びっくりするくらい「非効率」にものを作り続けている人たちの生き方は、いろんな意味で「器用」でも「お得」でもないのかもしれません。実際に、「儲かる仕事じゃない」という言葉も、何人もの方からお聞きしました。

でも、だからこそ彼らの作るものは人を惹きつけるのだろうし、そんな「器用じゃない」生き方・行き方にも、ちゃんと居場所がある社会がいいなあ、とも思います。みんながみんな同じ方向を向いて、効率とか利益とか能率とかばっかりを追い求めてる社会は、あんまり面白くないし、誰にとってもなんだかちょっと息がしにくいんじゃないだろうか——。

そんなことも、改めて考える機会になりました。

真冬の寒い寒い中、撮影を担当してくれたカメラマンのみなさま、そして何より、忙しいなか快く工房やアトリエに迎え入れてくれ、ときにはピント外れだったりもしただろう質問に根気よく答えてくださった作り手のみなさまに感謝いたします。

２０１４年　仲藤里美

文章を書きました　仲藤里美
写真を撮りました　小園雅之、内田和稔、楠本涼、きせたかよし
カバーをデザインしました　シナダミキ、安藤順
カバーを染めました　矢野マサヒコ［聚落社］
ブックデザインをしました　安藤順

仲藤里美　なかふじ・さとみ

１９７３年、大阪府生まれ。神戸大学法学部卒業後、ＮＧＯスタッフ、編集プロダクション勤務などを経てフリーのライターに。雑誌、ウェブでインタビュー記事を主に執筆するほか、ウェブマガジンの編集などにも携わる。本書は初めての単著。

作ること＝生きること

クラフトワーカーのもの語り

２０１４年7月15日初版発行
定価１６００円＋税

著　者　仲藤里美
パブリッシャー　木瀬貴吉
装　丁　安藤　順

発行　ころから
〒１１５－００４５　東京都北区赤羽１－１９－７－６０３
TEL　０３－５９３９－７９５０　FAX　０３－５９３９－７９５１
MAIL　office@korocolor.com
HP　http://korocolor.com/

ISBN 978-4-907239-06-0　C0036